Este diário pertence a:

_____

Recebi este presente amoroso de:

_____

E comecei o meu processo de autotransformação por meio dele no dia _____ de _____ de _____.

Copyright© 2022 by Literare Books International
Todos os direitos desta edição são reservados à Literare Books International.

Presidente:
Mauricio Sita

Vice-presidente:
Alessandra Ksenhuck

Diretora executiva:
Julyana Rosa

Diretora de projetos:
Gleide Santos

Capa, diagramação e projeto gráfico:
Gabriel Uchima

Revisão:
Rodrigo Rainho

Relacionamento com o cliente:
Claudia Pires

Impressão:
Gráfica Paym

Dados Internacionais de Catalogação na Publicação (CIP)
(eDOC BRASIL, Belo Horizonte/MG)

Miranda, Hesley L. L.
M672d   O diário da felicidade / Dr. Hesley L. L. Miranda. – São Paulo,
SP: Literare Books International, 2022.
14 x 21 cm

ISBN 978-65-5922-306-0

1. Literatura de não-ficção. 2. Comportamento. 3. Felicidade.
I. Título.
CDD 158.1

Elaborado por Maurício Amormino Júnior – CRB6/2422

Literare Books International.
Rua Antônio Augusto Covello, 472 – Vila Mariana – São Paulo, SP.
CEP 01550-060
Fone: +55 (0**11) 2659-0968
site: www.literarebooks.com.br
e-mail: literare@literarebooks.com.br

Sumário

Introdução 5

Parte 1: O diário 9

Cérebro humano:
A máquina mal utilizada 11

Primeiro passo:
Abandone a culpa 17

Segundo passo:
Livre-se dos rótulos 27

Terceiro passo:
Ame primeiro 39

Quarto passo:
É melhor ser otimista 45

Quinto passo:
Aceite o que vier e confie na vida 53

Sexto passo:
Recarregue sua bateria 59

Sétimo passo:
Não se apegue 63

Oitavo passo:
Rompa com a mente e
permaneça no aqui e agora 69

Você realmente quer despertar? 75

Parte 2: Sobre a vida e a morte 81

Introdução

A o longo da vida, passamos por diversas fases, algumas boas, outras ruins, e essa sucessão interminável de mudanças é o único fato constante da nossa existência. Precisamos saber aproveitar as fases boas e ter em mente que as fases ruins não serão permanentes e, além de tudo, aprendermos algo durante esse período.

Quando estamos deprimidos, é comum termos uma ideia pessimista em relação à vida, pensamos que nunca fomos realmente felizes, a vida não tem sentido, será assim para sempre... Nossa atenção volta-se para frustrações, decepções, dificuldades que vivenciamos e, assim, vamos criando, ao nosso redor, um ambiente negativo; sentimo-nos cada vez mais sozinhos, desprezados, sem graça. Perdemos o prazer que sentíamos ao assistir a um bom filme, ler um livro ou nos reunir com pessoas queridas. Sentimos uma dor tão profunda que destrói toda a energia e o ânimo existente um dia dentro de nós.

Nos casos mais graves, muitos começam a pensar que a vida perdeu totalmente o seu brilho e a morte pode ser a única saída para tamanho sofrimento. Sem querer, quando estamos deprimidos, nós cavamos, com nossos próprios pensamentos, o buraco do qual gostaríamos de sair.

O diário da felicidade

De uma maneira semelhante, porém, muitas vezes menos impactante, encontramo-nos sobrecarregados de estresse, ansiedade, apreensão, tensão ou medo e, assim, não conseguimos enxergar a beleza da vida. Esgotamo-nos fisicamente por conta de uma mente que não para de pensar. Pensamos em todas as possíveis catástrofes no futuro, preocupamo-nos com as obrigações do dia a dia, não queremos dar margem para que nada saia do nosso controle, tememos o novo, temos pavor de sermos ridicularizados, julgados, ou de adquirirmos uma doença grave...

Assim, não conseguimos relaxar em nenhum momento. Achamos que não podemos fazer isso, pois o futuro estará sempre ali para nos ameaçar com toda a fúria imaginável. Muitos conseguem viver uma vida inteira carregando esse peso, sem saber que eles mesmos colocam mais e mais cargas desnecessárias em seus ombros e, pior ainda, acreditam estarem certos em pensar que realmente precisam dessa tensão constante para se prevenirem do que está por vir; veem as pessoas tranquilas como esotéricas ou alienadas, e mais cedo ou mais tarde serão esmagadas pela crueldade do mundo.

Uma minoria das pessoas, geralmente após muito sofrimento, decide que não pode mais continuar a viver dessa maneira (em constante tristeza ou em constante ansiedade) e resolve pôr um basta nesse ciclo de dor. Algumas delas conseguem um alívio temporário antes de estarem novamente envoltas pelos mesmos conflitos, e outras despertam para uma nova realidade, que as protege do sofrimento de forma mais consistente.

A depressão e a ansiedade são consideradas as duas maiores doenças psiquiátricas que acometem e prejudicam as vidas de milhões de pessoas ao redor do mundo. Esse número tem crescido cada vez mais e essas patologias não poupam crianças, adolescentes ou idosos; não poupam pessoas com boas condições financeiras, nem religiosos ou pessoas com famílias maravilhosas. Não é frescura, nem falta de fé, nem necessidade de chamar atenção. Ansiedade e depressão podem causar danos graves e irreversíveis nas vidas das pessoas acometidas e também naquelas que convivem com tais pessoas. Segundo a Organização Mundial de Saúde (OMS), mais de 300 milhões de pessoas sofrem com depressão no mundo e mais de 200 milhões sofrem com algum transtorno de ansiedade; além disso, em 2015, 788 mil pessoas morreram por suicídio. Isso representou quase 1,5% de todas as mortes no mundo, figurando entre as 20 maiores causas de morte em 2015 e a segunda maior causa entre jovens de 15 a 29 anos.

Existe um ponto em comum, presente nessas duas enfermidades, que é, senão o causador desses problemas, um agravante que faz a patologia se perpetuar: o pensamento disfuncional. Quase sempre nos deixamos comandar por nossos pensamentos, identificamo-nos com eles, damos-lhes a força que eles precisam para tornar nossa realidade ruim, pesada, tensa ou insuportável. Como diz uma das frases atribuídas a Buda: nenhum inimigo pode nos fazer tanto mal quanto nossos próprios pensamentos. Este livro foi idealizado para as pessoas adquirirem a capacidade de corrigir determinados padrões patológicos, causadores da infelicidade. Nele, falarei muito mais como alguém que já sofreu e aprendeu a superar o sofrimento do que como psiquiatra. É baseado na minha descoberta pessoal da felicidade, profundamente influenciada pelos ensinamentos do meu pai e de diversos outros mestres que tive o prazer de conhecer. Ao longo desta leitura, busquei mostrar a grande importância da autorresponsabilidade e o fato de que ninguém é responsável pela nossa tristeza ou ansiedade, assim como ninguém é capaz de romper com o nosso sofrimento. Quando você perceber que é a principal e mais poderosa ferramenta de transformação da sua vida e se engajar verdadeiramente nesse processo, todo o universo se moverá em sua ajuda

O diário da felicidade

para que você alcance a felicidade, tenha relacionamentos mais leves e verdadeiros e realize seus sonhos.

Em *O diário da felicidade*, você poderá descobrir como se libertar de tudo que vem lhe causando dor. Espero ajudá-lo, assim como fui ajudado ao longo da vida pelas preciosas leituras feitas.

O formato em diário, no final de cada capítulo, tem como objetivo tornar mais fácil a sedimentação das mensagens, ajudá-lo a compreender seus próprios pensamentos com o ato da escrita e potencializar o seu compromisso com a felicidade que quer alcançar. Visando ao efeito terapêutico da autoexpressão, você não deve ter receio de escrever, desenhar, grifar neste livro pessoal e intransferível. Mira y Lopez (1965) já dizia, em seu livro *Como estudar e como aprender*, que quanto mais vias sensoriais utilizarmos, mais eficazes serão a assimilação e a retenção do que nos propusermos a estudar. Esse mesmo autor nos alerta, também, para a importância de analisar, criticar, digerir e absorver o que outro nos ofertou como material de seu próprio estudo, tirando, assim, suas próprias conclusões. Portanto, minha intenção, aqui, é fornecer o fruto do meu estudo sobre a felicidade, com exposições daquilo que foi útil para minha vida, a fim de que você, leitor, possa se nutrir do que lhe fizer sentido.

Caso tenha alguma resistência para ler livros de autoajuda, a segunda parte do livro foi feita para você. Nela, encontrará uma pequena novela, escrita de maneira breve e simples, exemplificando, ao longo do enredo, os mesmos ensinamentos contidos no início do livro. Fique à vontade para iniciar sua leitura a partir desta segunda parte, se assim lhe for mais confortável, e caso sua curiosidade seja despertada, em um outro momento você poderá voltar para ler o restante.

Parte 1:
O diário

Cérebro humano:
A máquina mal utilizada

*U*m sábio mestre indiano tem falado, em suas palestras, que não existe máquina mais avançada do que o nosso cérebro, porém, o grande problema é a utilização dessa maravilha evolutiva sem conhecer o manual de instruções. Ele está certo! Nosso cérebro levou milhares de anos para chegar a ser o que é hoje, foi por conta dele que aprendemos estratégias necessárias à nossa sobrevivência e perpetuação da nossa espécie. Somente nós, humanos, temos a capacidade de reter informações do passado, detectar padrões e analisá-los para nosso benefício, além de conseguirmos imaginar, criar e planejar ações como nenhuma outra espécie.

Os primeiros humanos a possuir o cérebro na conformação que temos hoje viveram há milhares de anos na África, em um ambiente extremamente selvagem e perigoso. Eles souberam utilizar essa máquina, provavelmente, de maneira mais sábia do que nós a utilizamos hoje. Imagine que vivesse naquela época e precisasse sair para caçar com um grupo de pessoas. Você estaria no meio da mata, buscando padrões da sua memória, tanto para atingir o sucesso de conseguir o alimento, quanto para não ser o alimento de algum outro animal. De repente, você escuta o som de algo atrás de um arbusto. Sabe que as onças costumam comparecer àquele

O diário da felicidade

local e, frequentemente, atacam brutalmente as pessoas, saindo de arbustos como aqueles. Na sua imaginação, existe algo perigoso ali; isso lhe faz ficar alerta e assumir uma postura de defesa. Seu coração acelera, suas pupilas dilatam, seus músculos se enrijecem, todo o corpo recebe uma dose exorbitante de hormônios ligados ao estresse. Pouco tempo depois, vários pássaros saem voando da vegetação e percebe que não foi daquela vez para o pior acontecer. Em poucos minutos, seu corpo volta ao equilíbrio basal. Nesse caso, você fez uso de sua memória e da imaginação, de maneira correta, em prol do seu benefício e da sua sobrevivência.

Acontece que milhares de anos se passaram e essas grandes ferramentas, desenvolvidas por nosso cérebro, passaram a ser usadas contra nós mesmos. A memória deveria ser um registro de informações úteis para aprendermos quais atitudes nos foram vantajosas e quais não foram tanto assim. Com o objetivo de perpetuar apenas aqueles comportamentos úteis e evitar novos erros, está sendo utilizada para registrar e reviver situações pesarosas, mesmo quando a situação vivida está completamente diferente do que aconteceu no passado. Estamos fazendo, da nossa memória, um cemitério de situações de injustiça, de rejeição, de violência, de mágoas, com algumas poucas ilhas de situações felizes. O pior disso é que não estamos usando essas informações para o nosso proveito, muito longe disso.

Ao mesmo tempo, a nossa imaginação deveria ser aproveitada com o intuito de criação, de transcendência da realidade e de prevenção; está servindo, na maioria das vezes, apenas para nos paralisar diante das centenas de medos imaginários que muito provavelmente nunca acontecerão e, pior ainda, ameaçam apenas o nosso ego, não a nossa vida real. Agora, os predadores que ameaçam a nossa tranquilidade são colegas de trabalho tóxicos, chefes autoritários, trânsito engarrafado, redes sociais, e-mails, boletos. Eles não desaparecem em momento algum e por isso vivemos em estado crônico de estresse.

Dr. Hesley L. L. Miranda

Você já assistiu a vídeos de animais selvagens que foram atacados, repentinamente, por um leão ou por um lobo, por exemplo? É interessante perceber que, durante a perseguição, eles ficam assustados, correm com toda a energia existente para fugir do predador, porém, tão logo a caçada termina, eles voltam a pastar em perfeita paz como se nada tivesse acontecido. Isso parece muito estranho aos nossos olhos, não é? Pensamos que se tivesse acontecido conosco, ficaríamos traumatizados, revivendo tal situação temerosa pelo resto de nossas vidas, e nunca mais teríamos paz novamente. Nós passaríamos a viver da memória e da imaginação. Com eles não acontece assim, pelo simples fato de viverem apenas no aqui e agora (retomarei esse assunto depois). Quando a ameaça surge, eles se preparam para a situação e, quando ela desaparece, eles voltam a ser quem são, alegres e pacíficos. Isso também acontece com o animal predador. Nunca ouvimos falar em um leão deprimido por ter ido à caça e não ter tido sucesso em abater uma presa. Ele simplesmente descansa, para mais tarde tentar novamente, sem se abalar por conta do fracasso anterior. Precisamos aprender com os animais essa sabedoria de viver o momento, mas sabendo que temos a vantajosa evolução de poder usar a nossa memória para aprender as lições necessárias e a imaginação para criar estratégias e planejamentos úteis. Acessar essas duas ferramentas, de maneira prática e pontual, é bastante prudente, porém estamos passando a maior parte das nossas vidas utilizando-as, desde quando acordamos até a hora de dormir. Sinto lhe dizer, mas isso não é estar vivo. É como se você estivesse sonhando o tempo inteiro.

Aconselho você a começar agora a usar sua máquina de uma maneira mais produtiva em seu próprio benefício. Vamos lá?
Escreva, nas linhas seguintes, as situações em que você se sente feliz (exemplo: eu me sinto feliz quando estou com meus melhores amigos ou eu me sinto feliz quando sinto que cumpri com minhas obrigações do dia).

O diário da felicidade

Eu me sinto feliz quando...

_____

_____

_____

_____

_____

_____

_____

_____

_____

_____

_____

_____

Agora vamos continuar da mesma maneira, escrevendo quando você se sente triste (exemplo: eu me sinto triste quando me sinto rejeitado).

Eu me sinto triste quando...

_____

_____

_____

_____

_____

_____

_____

_____

_____

Para finalizar esta parte, escreva, aqui, como você tem se sentido ultimamente e se identifica algum motivo para sentir-se assim.

Dr. Hesley L. L. Miranda

Querido diário,
Ultimamente eu tenho me sentido...

_____
_____
_____
_____
_____
_____
_____
_____
_____
_____

Ótimo. Essas informações serão úteis ao longo desta leitura. Se algum sentimento ruim aflorou nesses primeiros exercícios, não se preocupe. Todo processo de autoconhecimento e de transformação pode causar desconforto inicialmente. Analise a lista de coisas que fazem você feliz. Quais coisas dependem apenas de você? E as coisas que deixam você triste? Nunca se esqueça, para iniciar a jornada da felicidade, que precisamos saber separar o que é nossa responsabilidade do que não é.

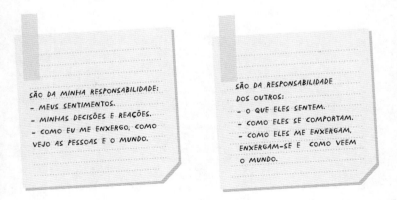

SÃO DA MINHA RESPONSABILIDADE:
- MEUS SENTIMENTOS.
- MINHAS DECISÕES E REAÇÕES.
- COMO EU ME ENXERGO, COMO VEJO AS PESSOAS E O MUNDO.

SÃO DA RESPONSABILIDADE DOS OUTROS:
- O QUE ELES SENTEM.
- COMO ELES SE COMPORTAM.
- COMO ELES ME ENXERGAM, ENXERGAM-SE E COMO VEEM O MUNDO.

1

Primeiro passo: Abandone a culpa

"Eu não sou o que aconteceu comigo,
eu sou o que escolhi ser."
(Carl Jung)

Como já falei, de forma resumida, na introdução deste livro, é essencial enxergar que ninguém e nada terá o poder de torná-lo infeliz ou feliz, a não ser você mesmo. Parece duro acreditar nisso, mas esse é o primeiro passo em direção à sua felicidade. Colocar a culpa, de estar sofrendo, nos outros ou nas situações do ambiente em que se encontra apenas tira de você a chance de superar dificuldades e o condena a permanecer na mesma situação por muito tempo. Muitas vezes, deixamos de ser felizes para não causar sofrimento em outra pessoa, mas isso é apenas uma forma disfarçada de egoísmo, pois, na verdade, estamos querendo nos poupar do sentimento de culpa que teríamos, ao ver alguma atitude nossa como causadora de algum desconforto em alguém. Entenda que você merece ser feliz tanto quanto qualquer outra pessoa, e que, assim como os outros, tem o direito de buscar a felicidade. Nas palavras de Clay Newman (2015), em seu livro *Mais Sêneca, menos Prozac*, o único obstáculo que o separa da felicidade é você mesmo.

O diário da felicidade

Aprendemos a nos vitimizar desde quando somos crianças, quando, por exemplo, tropeçamos em um brinquedo e caímos no chão chorando, e os nossos pais dizem "brinquedo mau", transferindo a culpa para o objeto como forma de aliviar nossa dor. Nesse momento, nosso cérebro aprende que, ao transferir o erro para algo externo, diminui ou alivia o sofrimento. Porém, em longo prazo, esse comportamento traz um prejuízo enorme ao amadurecimento, à capacidade de resolver problemas e aos relacionamentos. Continuamos tropeçando e tropeçando diversas vezes em vez de seguir outro caminho ou de prestar mais atenção a nossas escolhas. Se nossos pais nos falassem "filho, você está sofrendo agora por um erro seu, mas isso vai ajudar você a não cometê-lo novamente", provavelmente choraríamos ainda mais, porém, depois, seríamos mais maduros, fortes e, definitivamente, mais felizes.

É possível que, ao ler isso, você comece a pensar que a culpa do seu sofrimento atual foi da criação recebida de seus pais, mas, na verdade, seus pais receberam uma educação ainda mais rígida que a sua e, com certeza, eles apenas estão reproduzindo, na melhor das intenções, o aprendido com seus avós. Então a questão que devemos pensar é como quebrar esse ciclo e, finalmente, sermos mais responsáveis, maduros e felizes daqui para frente, e não em encontrar causadores desse comportamento; nesse caso, continuaríamos no mesmo padrão de apontar o dedo para os outros.

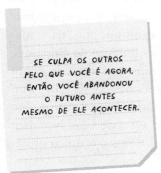

É confortável transferir a culpa dos nossos erros, mas isso tem outra consequência grave, a permanência em situações infelizes por não conseguir ver que a responsabilidade de estar naquela situação é nossa. Quando nos responsabilizamos e tomamos as rédeas de nossas vidas, descobrimos o poder transformador que temos.

Dr. Hesley L. L. Miranda

Às vezes, eu atendo pessoas vítimas de eventos terríveis ao longo da vida, dos quais não tiveram nenhuma culpa ou responsabilidade de terem sofrido. Não é sobre isso a minha fala aqui. Nesses casos, digo-lhes que o passado foi realmente terrível, mas lhes cabe desenvolver o poder de não permitir que aquele evento continue trazendo infelicidade para o presente. Muitas vezes, é necessário um tratamento psicoterapêutico para ressignificar um evento trágico do passado que continua a repercutir na vida atual. Casos de abandono, de abuso, de violência nas suas diversas formas causam traumas profundos na vida de quem os sofreu, mas é possível (e de grande importância) tirar o poder daquele evento ruim e o poder de continuar a destruir suas vidas daqui em diante. Muitos conseguem superar e assumir uma nova postura, de vencedores, diante das dificuldades que sofreram.

Vou dar outro exemplo sobre o que quero dizer sobre ser responsável por sua felicidade: imagine uma mulher em um relacionamento infeliz, mas aceita permanecer assim, por achar que tentar mudar tal situação poderá magoar seu parceiro, muito bom para com ela. Ao mesmo tempo, esse parceiro se sente infeliz por se dedicar, ao máximo, para fazê-la satisfeita em vão. Então temos aí duas pessoas infelizes tentando fazer o outro feliz. É como se um dissesse para o outro "eu abdico da minha felicidade em prol da sua", mas como resultado disso, temos apenas duas pessoas sofredoras por não assumirem o papel que têm de direito, serem felizes em primeiro lugar. Essa situação pode se prolongar por muitos e muitos anos, até que um deles acorde e pense "ei, o que estou fazendo da minha vida? Eu quero ser feliz e só assim poderei transmitir essa felicidade para quem estiver comigo". Independentemente de como a situação se resolva, o primeiro passo para a solução aparecer foi a pessoa se perceber com o direito de ser feliz e que não pode culpar ninguém, a não ser ela mesma, por ter passado tanto tempo sofrendo.

O diário da felicidade

Parece egoísta pensar dessa maneira, eu sei, mas pense comigo, alguém pode transmitir algo se não tem em si? Claro que não. Então, para emanar paz e alegria para as pessoas, precisa sentir, primeiro, verdadeiramente aquilo. Não tem nada de errado, nem de egoísta, buscar a sua felicidade em primeiro lugar. Egoísmo mesmo é o oposto disso. É quando alguém deseja que o outro abra mão de sua felicidade para o satisfazer. Se você deseja fazer algo para o mundo se tornar melhor, comece fazendo isso por si mesmo e, à medida que sua felicidade for transbordando, o mundo ao seu redor irá se transformar.

Devemos pensar assim em todas as nossas relações. Se você é filho e está infeliz, mas não busca a sua felicidade por medo de decepcionar seus pais, precisa acordar. Seus pais, primeiramente, tiveram a chance deles de buscar a própria felicidade, você tem o mesmo direito. Em segundo lugar, colocar-se na posição de vítima e culpá-los por não estar sendo feliz não vai levá-lo a canto nenhum. Se estiver sentindo-se egoísta por pensar assim, imagine os seus pais dizendo-lhe que preferem você infeliz para eles não se decepcionarem... Quem estaria sendo egoísta aqui? Você pode e deve ser muito grato por tudo o que seus pais fizeram e fazem, deve respeitá-los sempre, porém não deve abrir mão de sua felicidade e dos seus sonhos, nem por eles, nem por ninguém. Se eles fizeram isso por você, é responsabilidade deles lidarem com isso. Sua responsabilidade maior deve ser com sua própria vida.

Agora é o momento de outro questionamento. Não devo me sacrificar nunca por ninguém? Não é natural uma mãe abrir mão de parte de sua vida para cuidar dos filhos, por exemplo? Eu lhe digo, não há nada demais em fazer sacrifícios, contanto que você se sinta feliz e satisfeito em fazê-los ou, pelo menos, tenha consciência de estar fazendo aquilo para não se sentir mal. Uma mãe que abre mão de parte de sua vida para cuidar de um filho, na maioria das vezes, faz isso com satisfação, quando não, faz por acreditar que, se não o fizer, vai sentir-se ainda pior.

Dr. Hesley L. L. Miranda

Nas duas situações, ela agirá em prol do bem do filho e do seu próprio bem. Ao perceber isso, o sacrifício toma uma nova conotação, não é? Nós agimos em benefício próprio quando nos "sacrificamos" por alguém. Nós queremos nos poupar do sentimento de culpa de não fazer aquilo, ou fazemos porque o prazer sentido é maior que o sofrimento. Nossa cultura tem glamourizado o sacrifício e muita gente vive infeliz por conta disso. Na verdade, devemos perceber de uma vez que o sacrifício deve valer a pena, principalmente, para quem o pratica. Ele é realizado por uma causa maior e aquilo deve trazer um senso de propósito tão satisfatório que já justificaria a atitude. Acontece com as pessoas que praticam exercício físico. Elas começam a perceber o sacrifício feito para permanecer na prática, as coisas dispensadas e o tempo dedicado são muito pequenos diante da satisfação que sentem ao terem a saúde, a disposição, a estética e diversos outros benefícios de cada movimento.

Outro exemplo é quando você renuncia a um tempo precioso em sua vida para se dedicar mais aos estudos e para, finalmente, passar no curso que tanto deseja. Todos nós estamos fazendo renúncias o tempo todo; quando decidimos seguir um caminho, estamos abrindo mão de vários outros percursos possíveis, até mesmo quando decidimos não tomar uma decisão, estamos permitindo que outras pessoas as tomem por nós; com isso, deixamos morrer possibilidades outras para nossas vidas. Precisamos encarar os sacrifícios escolhidos, fazer como algo natural da vida.

O maior problema existe quando sacrificamos nossas vidas, renunciando às próprias vontades e essência, tendo como motivação o medo. Isso, sim, é algo que precisa ser trabalhado, pois é causa certa de infelicidade. Temos vários exemplos de pessoas que trabalham, cotidianamente, em empregos sugadores de suas energias, de suas felicidades, por medo de buscarem algo novo. Mulheres que suportam maridos violentos por receio do julgamento da sociedade, caso se separem, ou por medo de traumatizar os seus filhos. Mesmo sendo em benefício próprio, pois, nesses casos também, essas pessoas estariam se sacrificando para não enfrentar as situações amedrontadoras. Ou elas mudam de atitude e enfrentam de uma vez o medo, ou a vida irá passar e não sentirão o gosto maravilhoso que ela tem.

Estou falando isso de uma forma até um pouco dura para você abandonar qualquer sentimento de autopiedade. Esse sentimento não levará você a nenhum lugar. Não pense coisas como "coitado de mim" e muito menos queira que os outros tenham piedade de você. Lembre-se, todos os seus sacrifícios foram em benefício próprio. Não tem espaço para sentir pena aí. Ao incorporar essa verdade em sua vida, tornar-se-á forte o suficiente para se responsabilizar por sua realidade e direcionará a sua energia para transformá-la, em vez de ficar se lamentando.

> **IMPORTANTE:** abandone a posição de vítima! Colocar a culpa nos outros ou nas circunstâncias não vai trazer nenhum benefício, pelo contrário, vai impedi-lo de ir atrás do que é realmente necessário para ser feliz. Essa responsabilidade é sua e de mais ninguém.

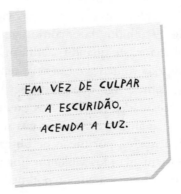

EM VEZ DE CULPAR A ESCURIDÃO, ACENDA A LUZ.

Dr. Hesley L. L. Miranda

Revisite as situações em que você percebe algum sacrifício e a motivação para essa renúncia (exemplo: abro mão de alimentos saborosos para chegar ao meu peso ideal ou deixo de me dedicar às coisas que gosto para ter mais tempo com minha família).

_____

_____

_____

_____

_____

_____

_____

_____

_____

_____

_____

Analise se existe espaço para sentir piedade de você por essas renúncias e se as motivações valem a pena ou são apenas baseadas no medo.

Tão importante quanto deixar de transferir a responsabilidade da situação em que você se encontra atualmente é parar de se culpar por situações ou escolhas feitas no seu passado. Muitas pessoas vivem acorrentadas a uma lembrança pesarosa que as mantém estagnadas por não conseguirem se dar o perdão necessário. Eu quero ajudar você a se libertar disso também.

Assim como as pessoas que nos machucaram de alguma maneira no passado irão arcar com as consequências de suas atitudes, nós também pagaremos por ações e escolhas erradas que foram feitas. Assim, não precisamos nutrir sentimento de vingança para com nossos ofensores e nem contra nós mesmos. Nós somos humanos e estamos propensos a cometer erros, afinal, ninguém é perfeito e nem nasce sabendo de tudo.

O diário da felicidade

O que precisamos é ter a maturidade de entender que o erro, a falha que nós cometemos, faz parte do nosso processo de evolução. Mesmo sem terem consciência, as pessoas, em sua grande maioria, erram tentando acertar. Elas fazem o melhor que podem naquele momento, diante das circunstâncias que suas vidas estão e de acordo com o nível de compreensão que possuem. Assim aconteceu com você também. Portanto não tem sentido continuar pagando esse preço do erro eternamente. Quando for possível, peça perdão a quem você machucou, quando não for possível, peça perdão em seus pensamentos e, imprescindivelmente, se perdoe. Assuma de maneira madura o que lhe couber de falha, aprenda a preciosa lição que aquela falha trouxe para sua vida e siga em frente melhor e mais sábio do que era antes. Cabe a você encerrar de vez esse ciclo de autojulgamento e autopunição que tem atormentado você todo esse tempo.

Eu atendi recentemente uma paciente que há dois anos vinha em um processo de luto patológico por ter perdido o pai repentinamente, depois de um desentendimento entre os dois. Ela carregava uma enorme culpa por ter brigado por uma banalidade e por não ter tido tempo de dizer que o amava, apesar das diferenças. Falei para ela sobre a importância de entender que a culpa que ela carregava não iria mudar a situação do passado, mas ela poderia aprender uma valiosa lição com aquilo e demonstrar o seu amor pelas pessoas queridas que estão vivas. Uma lição que seu querido pai iria se orgulhar de ter conseguido ensinar a ela. Além disso, ela poderia dar e pedir perdão a seu pai hoje, mesmo ele não estando mais presente.

Na consulta seguinte, essa paciente veio transformada. Disse que escreveu uma carta para seu pai, pedindo perdão e dando-lhe o perdão. Depois disse a si mesma que se perdoava pelo erro que cometeu e agradeceu por poder ter aprendido, mesmo que duramente, a importância de demonstrar o amor.

Dr. Hesley L. L. Miranda

Naquele momento, sentiu um alívio quase sobrenatural, expandindo em seu interior e dissolvendo toda tristeza, mágoa, rancor e dor que existia dentro dela. Se você carrega consigo alguma culpa, peço que se liberte dela neste momento. Faça como a minha paciente e escreva o seu pedido de perdão caso não possa pedir pessoalmente. Algumas vezes, o erro que você cometeu não é direcionado a alguém, mas sim a alguma má escolha ou falta de ação em determinada situação. Lembre-se de que em qualquer desses casos o mais importante é dar o perdão a você mesmo, saber que o papel daquela falha cometida foi cumprido e você pode e deve seguir em frente sem o peso da culpa.

Eu assumo a responsabilidade por ter cometido esses erros e peço perdão por eles...

_____

_____

_____

_____

_____

_____

Eu me perdoo pelos erros que cometi para com os outros e para comigo mesmo como quando...

_____

_____

_____

_____

_____

_____

O diário da felicidade

Buscarei transformar tudo isso em aprendizado e continuar aprendendo com as próximas falhas que eu cometer daqui em diante, sem deixar que a culpa me paralise novamente.

2

Segundo passo:
Livre-se dos rótulos

"Eu sou o que sou."
(Êxodo 3-14)

Quando crianças, todos nós passamos da fase de ser totalmente espontâneos para a fase em que substituímos a espontaneidade por padrões estabelecidos pela sociedade. É fácil perceber quando uma criança ainda preserva a naturalidade de ser apenas ela mesma, você vê a felicidade como seu sentimento genuíno, ela tem curiosidade e entusiasmo, os olhos dela brilham... A questão é: quando e por que perdemos isso quando crescemos? Tudo se inicia quando aprendemos que, para conseguir algo desejado, devemos nos comportar de determinada maneira. Nosso primeiro objetivo é ter o amor e a proteção dos nossos pais. Então vamos aprendendo que se não fizermos a vontade deles, se não os agradarmos, correremos o risco de perder esse amor. Vamos, então, moldando-nos conforme o desejo deles. O medo começa a tomar o lugar da espontaneidade dentro de nós e, junto com o medo, vêm outros sentimentos ruins, como raiva e frustração. Depois vem a escola, e mais padrões preestabelecidos são impostos para serem seguidos. Tudo isso não teria nada demais, se

O diário da felicidade

esses padrões não estivessem sendo ditados em última instância por uma sociedade completamente adoecida e materialista. Ela acredita que, para ser alguém na vida, só se tiver dinheiro, sucesso, status, beleza... A sociedade não pretende que você seja você mesmo. Ela quer ter o controle dos seus desejos e comandar suas ações. Entenda, de uma vez por todas, que seus pais e seus professores não têm culpa nenhuma disso, afinal, eles também foram criados dessa maneira, tornaram-se produtos da sociedade e, no fundo, só querem evitar seu sofrimento, caso não se encaixe na pretensão da sociedade.

É nessa fase também que começam a nos comparar com os outros e, com isso, começamos a nos sentir inferiores, caso não tenhamos boas notas nas provas como fulano; sentimo-nos menosprezados, se não nos comportamos educadamente como sicrano... e, depois, vem o rótulo da beleza, da fama, da riqueza... Pensamos em perder a proteção que precisamos para sobreviver, caso não nos comportemos de determinada maneira, não usemos determinadas máscaras. Deixamos nossa essência escondida embaixo de tantos rótulos que nem mesmo nos lembramos como realmente somos. É aí que nasce a baixa autoestima. Vamos, gradativamente, deixando de ser nós mesmos para tornarmo-nos marionetes do mundo. Começamos a acreditar que só seremos felizes caso tenhamos sucesso, mas, ao atingir esse sucesso, passamos a sofrer ainda mais para mantê-lo. Passamos a nos comparar com o outro, a sentir inveja, raiva ou insegurança, caso não tenhamos aquilo possuído por esse outro. Assim, perde-se o foco, que é, e sempre deverá ser, você mesmo.

Se você acredita que deve ser melhor, mais isso ou menos aquilo, seja em relação a si mesmo ou para você mesmo, foque no que realmente interessa à sua jornada e entenda que cada um está travando a sua própria batalha, afinal, cada um de nós terá a vista da montanha que escalar.

Dr. Hesley L. L. Miranda

Não tem nada demais em desejar aparecer em capa de revista, em ter um corpo mais bonito, em ter dinheiro suficiente para comprar o almejado, contanto que saibamos que nada disso é essencial para sermos felizes. Tudo isso pode ser tirado de você a qualquer momento, são apenas rótulos, mas a verdadeira felicidade vem de dentro de você, ela é a sua essência.

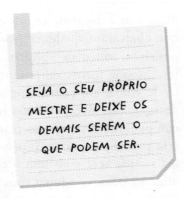

SEJA O SEU PRÓPRIO MESTRE E DEIXE OS DEMAIS SEREM O QUE PODEM SER.

Parece um absurdo, mas perceba que a vida inteira você tem sido jogado para cima ou para baixo pelo mundo e não tem se dado conta disso. Veja como uma simples mancha na sua camisa, no dia em que irá ter uma reunião com pessoas importantes, pode jogá-lo para baixo, ou um comentário ruim sobre algum aspecto da sua aparência é capaz de destruir toda sua segurança. Funciona assim: alguém aperta o botão e você sobe, alguém aperta o botão, e desce. Até quando você vai se submeter a isso? Ao não se identificar com todo rótulo, encontra a paz, deixa de ser uma marionete vulnerável às manipulações da sociedade.

A baixa autoestima, muitas vezes, faz com que pessoas passem a vida inteira tentando agradar outros ao redor; normalmente, elas temem que as pessoas deixem de amá-las, caso as desagradem em algum momento. E assim vivem em constante dedicação ao outro, enquanto se esquecem de si mesmas. Muitas vezes, esse comportamento é reforçado ao receberem gratidão e elogios por agirem dessa maneira. Assim, elas associam o amor que recebem ao fato de estarem sendo bondosas e, por medo de perderem esse amor, abdicam de serem espontâneas. Elas se tornam escravas desse rótulo de "pessoa bondosa", por medo de serem rejeitadas e, a partir disso, não conseguem mais

O diário da felicidade

dizer não a alguém, angustiam-se intensamente, caso achem que chatearam qualquer pessoa. Outros rótulos, tidos como positivos, são o de "pessoa responsável", "pessoa competente", "pessoa forte", entre tantos outros. Daí vem o sentimento de culpa, ansiedade, angústia, ao acreditar que podem ter desagradado, decepcionado ou falhado com alguém. Se você não pensar em se agradar primeiro, em ser quem realmente é, sem preocupação com o pensamento do outro, mais cedo ou mais tarde será consumido pela escravidão de tentar manter uma imagem. Qualquer rótulo atribuído a você é uma prisão. Quando se sentir seguro, passando a ser você mesmo, sem temer a reação causada pelo outro ou no outro, sentirá como é bom viver em liberdade. Ao fortalecer sua autoestima, perceberá que pode errar, dizer não, demonstrar seus sentimentos bons e ruins, suas fraquezas e, ainda assim, as pessoas continuarão com você e vão valorizar ainda mais sua presença.

Então não tenha medo de errar! Sem o erro, a aprendizagem não seria possível. Sem o não, o sim nunca será valorizado. Rasgue qualquer rótulo definidor de você e o jogue no lixo. Ele não é real.

Vou lhe dar um exemplo para ficar mais claro. Imagine que você sempre foi muito responsável, sempre cumpriu com suas obrigações impecavelmente; por algum motivo (um acidente no caminho, uma doença ou simplesmente um cansaço que fez você dormir um pouco mais), falhou em algum de seus compromissos; de repente, o chefe chega e diz que você o decepcionou, pois sempre achou você uma pessoa cumpridora das suas obrigações. Então, você se sente muito mal, pede mil desculpas, entra em um estado de quase desespero, passa o dia todo se martirizando, não consegue dormir quando chega em casa, tudo o que acredita ser está ameaçado. Depois promete, a si mesmo, que isso não vai acontecer mais; passa a chegar uma hora antes de todos os funcionários e sair uma hora depois; não importa

Dr. Hesley L. L. Miranda

se é final de semana ou se é aniversário de seu filho, sempre fica disponível ao trabalho, pois não deseja ser mais visto como irresponsável novamente; sua esposa reclama da pouca atenção que tem lhe dedicado, o seu filho cresce sem recordar de momentos prazerosos ao lado do pai. Então a vida passa, recebe o título de funcionário exemplar da empresa. Quer comemorar, mas quem irá com você? Quer usufruir dos bens trazidos pela responsabilidade impecável, mas percebeu os bens perdidos para manter aquele título/rótulo considerado precioso?

Uma pessoa sem apego a qualquer rótulo e com uma autoestima saudável não se comportaria dessa forma. Ela seria responsável, sim, por saber desse comportamento como vantajoso, mas não perderia o chão, caso falhasse em algum momento. Iria priorizar o mais importante no momento, sem temer as consequências daquilo. Poderia ouvir algo a seu respeito, porém estaria bem por saber que não significa a verdade.

Esse mesmo padrão pode ser extrapolado para quem se apega à imagem de ser sempre forte, competente, atraente, famoso, inteligente... Perder esse título torna-se um pavor escravizante, pois não saberia quem realmente é sem ele. Muitas pessoas, extremamente inteligentes, desenvolvem uma fobia de falar em público por temerem a percepção dos outros de saberem de tudo. Outros famosos começam a se envolver em situações polêmicas, para continuarem em evidência. Tudo isso devido ao apego que desenvolveram em relação ao rótulo.

E o medo do fracasso? Muitas pessoas vivem como se estivessem à beira de um abismo, em constante tensão, devido ao medo de fracassarem. Isso as faz perderem suas verdadeiras habilidades. Quando você compete e se preocupa mais em vencer do que em fazer o melhor possível, acaba perdendo o foco e tendo um desempenho aquém do que poderia ter. Sua habilidade perde força com isso. Já quando não se importa com o resultado, consegue estar inteiro nas ações e, assim,

O diário da felicidade

potencializa sua habilidade ao máximo. Quando sucesso ou fracasso não importam para você, o medo simplesmente desaparece e começa a viver, realmente, com todo o seu potencial. O mesmo acontece quando se livra de todos os rótulos impostos pela sociedade ou colocados por você. A identificação com qualquer coisa, que não seja o seu Eu verdadeiro, como já disse aqui, é causa de sofrimento e de escravidão. Sua profissão, sua roupa, seu nome, seu sucesso, seus diplomas não são você. Tudo isso pode ser tirado e o medo de que isso aconteça gera angústia, raiva, insegurança ou ansiedade.

Mas como se livrar desse apego e transformar uma autoestima já bastante prejudicada? Um ponto crucial para isso acontecer vem da aceitação de quem você é, com todos os seus defeitos e qualidades, ou seja, não desejar passar uma imagem diferente de quem é para o mundo. Isso, a meu ver, é um dos pilares sustentadores do caminho da felicidade. Às vezes, aceitação pode parecer o mesmo que acomodação e, se aceita seus defeitos, acaba por não evoluir como pessoa, mas é o contrário! Também não é o mesmo de passar a justificar tudo com o "eu sou assim e pronto". Pense: como poderíamos mudar algo não aceito em nós, que negamos insistentemente? Ao nos amar como nós somos, criamos o espaço para uma verdadeira mudança acontecer, pois só assim derrubamos a resistência, a negação e o autojulgamento.

Por isso, aceite o Ser único e maravilhoso que você é. Perceba-se como qualquer outro ser humano, com qualidades e defeitos. Você está seguro agora, não precisa mais da proteção, do amor e da valorização de ninguém, pois já é capaz de fazer isso por si. Veja seus defeitos como guias preciosos para uma vida mais feliz, pois eles o direcionam para algo que pode melhorar em e por você. Aceite-os sem defesa, sem julgamentos, sem ter vergonha ou medo. Assim deixará de ser dois, o conflito desaparecerá e o caminho para a transformação surgirá em sua vida.

Vamos dar uma breve pausa aqui, para refletir sobre quem você verdadeiramente é, após serem retirados todos os rótulos. Vamos começar com uma lista de qualidades e defeitos que você percebe ter:

Minhas maiores qualidades são:

_____
_____
_____
_____
_____
_____
_____
_____

Meus maiores defeitos são:

_____
_____
_____
_____
_____
_____
_____

> **OBSERVAÇÃO:** pode ser difícil externar aquelas nossas características mais negativas, mas, saiba, você é igual a todo mundo, todos nós temos nossas sombras. Fingir que não existem somente dará a elas mais força. Nenhuma dessas características, sejam elas positivas ou negativas, podem definir você.

O diário da felicidade

Tão importante quanto aceitar a si mesmo é aceitar os demais. Quando paramos de nos identificar com rótulos, também passamos a não julgar o observado, superficialmente, nas pessoas. Isso é um passo importante em direção à felicidade pretendida. Vivemos num mundo onde somos julgados o tempo inteiro e nos acostumamos, também, a julgar as pessoas constantemente. Alguns pensadores dizem que esse é o maior medo da humanidade atual, chegando a superar o medo da morte. Eu diria: o medo da opinião do outro é a maior prisão, a maior limitação adquirida por uma pessoa. Se você olhar para si hoje, deve perceber quantas coisas deixou de fazer por temer ser malvisto, por temer ser julgado por isso ou aquilo... É um peso que carregamos nas nossas costas voluntariamente e, ao longo de nossas vidas, vamos aumentando a carga. Qual o sentido de temer a opinião de alguém, igual a você, com defeitos e qualidades e que, na essência, busca exatamente a mesma coisa: ser feliz?

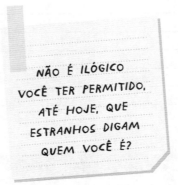

NÃO É ILÓGICO VOCÊ TER PERMITIDO, ATÉ HOJE, QUE ESTRANHOS DIGAM QUEM VOCÊ É?

Quando julgamos alguém, na verdade, estamos falando mais sobre nós mesmos do que da pessoa que está sendo julgada. Às vezes, incomodamo-nos com determinado comportamento de alguém, por causa de uma vontade reprimida de agir daquela mesma forma ou porque tememos perceber aquela característica em nós mesmos. Estamos constantemente projetando, no outro, defeitos nossos. É muito mais fácil uma pessoa com comportamento maldoso, por exemplo, perceber a maldade do outro, do que uma pessoa com comportamento bondoso. Ao reconhecer nossos próprios defeitos e aceitá-los, nós também diminuímos esse comportamento de projeção, passamos a ser pessoas mais leves, felizes, confiantes, e abrimos o espaço para os outros serem do jeito que são também. Existe uma passagem da Bíblia exemplificando bem isso:

> "Não julguem, para que vocês não sejam julgados. Pois da mesma forma que julgarem, vocês serão julgados; e a medida que usarem, também será usada para medir vocês."
> **(Mateus 7:1)**

Lembre-se sempre, muitas vezes, o medo separa você da realização de seus sonhos. Além disso, em mais de 90% das vezes, o medo que sentimos existe apenas em nossas mentes, não é real. E aqui entra o uso disfuncional da nossa imaginação falada no início. O medo nos limita, paralisa-nos. Quando converso com pessoas idosas sobre suas vidas e seus arrependimentos, a maioria fala que se arrepende de ter tido tanto medo de coisas percebidas, hoje, como insignificantes. Elas se questionam como puderam ser tão tolas por se importarem com a crítica alheia, com o fracasso ou com as incertezas, a ponto de não correrem atrás de seus maiores sonhos. Em consonância com essa observação, a enfermeira australiana Bronnie Ware escreveu o livro *The Top Five Regrets of the Dying* (2012). Nessa obra, ela descreve os cinco maiores arrependimentos relatados pelos seus pacientes em final de vida. Ela passou vários anos trabalhando em cuidados paliativos, cuidando de pacientes nas últimas semanas de

O diário da felicidade

suas vidas. O arrependimento mais citado pelos pacientes foi o de não terem vivido uma vida mais fiel a si mesmos, mas sim ao que os outros almejavam.

> **IMPORTANTE:** quando você se aceita como é, também adquire a capacidade de aceitar os outros como são e, então, para de se limitar por medo de qualquer julgamento vindo de fora. Afinal, se você, a pessoa que mais se conhece no mundo, ama-se e se aceita, qual poder teria alguém para julgá-lo? O mesmo princípio cabe no inverso: qual capacidade você tem de julgar alguém, se está apenas vendo uma fina superfície daquela pessoa? Pense nisso, e sua vida se tornará bem mais leve ao perceber que a opinião do outro não pode atingi-lo, quando se sente realmente feliz em ser quem é. Quando isso acontecer, começará a atrair pessoas que estão em sintonia com você, desenvolverá relações mais profundas e verdadeiras, deixará de ter medo da rejeição alheia.

Uma lista muito importante, aqui, é a lista dos seus medos mais prevalentes. Lembre-se, eles são os maiores empecilhos para que você alcance os seus sonhos.

Tenho medo de...

_____

_____

_____

_____

_____

_____

_____

_____

_____

_____

Agora que você os escreveu, faça, a si mesmo, as seguintes perguntas:

1- Se eu me aceitar como eu sou, entender meus defeitos, limites e imperfeições e ficar em paz com eles, quais medos desaparecerão?

2- Se eu parar de me importar com as opiniões e expectativas das pessoas a meu respeito, quais medos desaparecerão?

3- Se eu confiar na vida, sabendo que em tudo proporcionado por ela existe um motivo maior, e passar a ver as dificuldades como presentes para meu próprio crescimento, quais medos desaparecerão?

> O QUE VOCÊ SOFRE AO FICAR PARALISADO COM MEDO DE ALGO É QUASE SEMPRE MAIS DEVASTADOR DO QUE O SOFRIMENTO ATRELADO AO ENFRENTAMENTO DESSE MESMO MEDO.

3

Terceiro passo: Ame primeiro

"Jamais em todo o mundo o ódio acabou com o ódio; o que acaba com o ódio é o amor."
(Buda)

O amor é a energia mais poderosa do mundo. Ele é capaz de motivar a realização do impossível. Nós somos expostos diariamente a várias formas de demonstração de amor, nascemos por conta desse sentimento e já o experienciamos desde o início da nossa existência. Todos nós carregamos essa energia, e nossa estrutura básica é feita para que possamos doá-la e recebê-la, num fluxo constante, infinitamente. Em algum momento, porém, muitos de nós desequilibramos o fluxo de entrada e saída do amor, gerando assim carência, dependência, rancor, ódio, solidão... Ao contrário disso, quando restabelecemos esse equilíbrio natural, sentimos segurança, felicidade, generosidade e paz.

Outro problema comum, além do fluxo desequilibrado, é a confusão que é feita a respeito do próprio sentimento. É impossível descrever o amor em sua realidade, mas podemos senti-lo e ainda dizer o que não o é. O amor não é possessividade, apego, vaidade, atração, entusiasmo, necessidade de estar junto

O diário da felicidade

e o prazer irracional. Se conseguíssemos retirar todos os outros sentimentos e emoções, seria o amor que sobraria. Ele é o pano de fundo; nele, são projetados todos os acontecimentos da nossa vida; carregamos conosco quando nosso corpo deixa de ter vida; é poderoso e sereno, transformador e paciente, denso e leve, simples, humilde e, ao mesmo, tempo majestoso.

O amor é doação. Essa seria a característica mais próxima da essência desse sentimento. Por conta disso, é fácil e certo restabelecer o fluxo desequilibrado quando está presente, basta que passemos a doar amor. Se você não se sente um ser amado, experimente amar deliberadamente que, indubitavelmente, esse amor chegará até você. Isso somente não funciona naqueles casos em que julgamos que estamos a doar amor, mas na verdade é tudo, menos ele. Quero ajudar você um pouco mais nesse processo.

Nossos primeiros relacionamentos

Normalmente, nosso primeiro relacionamento amoroso se dá com a nossa mãe. Mesmo antes de nascermos, ela nos doa calor, alimento, proteção, com uma dose de amor atrelada a tudo isso. Nós então iniciamos o processo natural de dar e receber amor por meio desse laço. Ao nascermos, nós somos doadores de amor em potencial, por isso que os bebês causam tanta fascinação. Acontece, ainda nessa fase, depararmo-nos com as formas ilusórias de amor ou, em certos casos mais dramáticos, deparamo-nos com a ausência desse sentimento. Este se tornará o nosso modelo de amar e ser amado pelo restante da nossa vida, a menos que, em algum momento, percebamos algo de errado com ele para, daí, reestruturar tal fluxo.

Muitas vezes, ao longo da vida, repetimos os padrões de afeto aprendidos com os nossos pais. Se recebermos um afeto carregado de possessividade, de cobranças, de insegurança, de expectativa, muito provavelmente será assim que doaremos e esperaremos receber o amor. Pior acontece com quem não recebe amor por algum motivo ou tem o amor bruscamente interrompido (quando

Dr. Hesley L. L. Miranda

a mãe ou o pai ou ambos falecem nas fases iniciais do desenvolvimento da criança), ou quando existe uma alternância frequente entre recebimento de amor e falta dele. Nesses casos, uma forma geralmente patológica se constrói como forma de defesa emocional da criança. Essa criança poderá se tornar um adulto impedidor de qualquer relacionamento em que esteja recebendo o amor, como forma de se proteger ou por não se sentir digno.

Enfim, esses são apenas alguns exemplos possíveis, porém o importante disso tudo é o fato de que reproduzimos nossas primeiras experiências de amor, muitas vezes reproduções das experiências que nossos pais tiveram na infância deles. Então, precisamos, aqui, justamente quebrar tal sequência, curando-nos de qualquer forma de amor ilusório aprendido e passando a amar genuinamente.

O poder do amor-próprio

É impossível restabelecer o fluxo amoroso se não começarmos pelo autoamor. Precisamos, antes de qualquer coisa, doar esse virtuoso sentimento para nós mesmos, até que nos sintamos prontos para compartilhá-lo com o mundo. Como foi citado neste livro, anteriormente, muitas pessoas possuem uma autoestima fragmentada, repercutindo em uma autocrítica, autopunição e desamor pela pessoa que somos. Essa baixa autoestima pode ter sido decorrente de diversos fatos ocorridos na vida, como falta de valorização de suas qualidades essenciais; comparações de inferioridade frequentes ao longo da vida; violência nas suas diversas formas etc. Mais uma vez, preciso deixar claro que o objetivo não é descobrir o motivo de termos estruturado determinado padrão disfuncional de comportamento (apesar de muitas vezes ser benéfica e até libertadora essa descoberta), mas não permitir a perpetuação desse padrão, determinando nossa forma de vivenciar o mundo.

Pode parecer simplista, porém a maneira mais eficaz de resolver essa questão é doando amor a si mesmo. É aceitan-

O diário da felicidade

do-se da maneira que você é, com suas qualidades e defeitos, perdoando-se por suas falhas, fazendo mais coisas que o fazem se sentir mais vivo e feliz. Com isso, o seu "tanque de amor" irá encher e você logo poderá espalhar esse sentimento pelo mundo. Lembre-se, possuir uma boa autoestima é não viver ostentando suas qualidades, reafirmando seus valores, enaltecendo a si mesmo; pessoas assim normalmente estão almejando se defender por intermédio desse comportamento. Quem tem uma autoestima saudável não precisa de defesas, nem se deixa afetar pelas críticas, não necessita de reconhecimento e nem de aprovação, pode passar despercebido, como também ser destaque, sem mudar quem é por isso.

Ao se amar, ensinará aos demais, de forma pacífica e revolucionária, que você tem valor. As pessoas irão mudar a maneira de tratá-lo naturalmente, e conseguirá atrair, para si, pessoas e coisas nunca imaginadas.

Restaurando o fluxo natural

Agora você está transbordando amor-próprio, pode começar a doar amor. É como se fosse um lago cheio, necessitando extravasar para poder receber mais e mais. Ao se tornar um rio, o fluxo de doação e recepção do amor se concretiza. Portanto, nessa nova etapa, será necessário que você distribua amor, lembrando que quanto maior for a doação, mais receberá. É certo que isso irá acontecer, porém não é algo que devemos fazer visando apenas ao resultado. O amor verdadeiro não necessita de retribuição, nem cobra nada dos outros. Se não for livre e despretensioso, não é amor, mas sim uma forma disfarçada do ego.

Ame tudo ao seu redor, a natureza, sua casa, seu alimento, apenas ame. Veja a transformação que essa simples atitude irá causar na sua vida.

Muitas vezes, o ego irá querer assumir o comando novamente. Ele poderá lhe dizer que tal pessoa não merece o seu amor, pois maltratou você; pode lhe dizer ser natural ter ressentimentos; pode até convencê-lo de que, se não impuser sua verdade, não vencerá determinada discussão; se não demonstrar raiva pela discordância, parecerá fraco e permitirá que os demais o subjuguem. Essa é uma forma bastante comum de o ego atuar, portanto, fique atento. Sempre que você se sentir estimulado a reagir, defender-se, cobrar ou impor, não é mais o amor que está oferecendo, porém não há necessidade de se julgar quando isso acontecer, a simples consciência desse fato será suficiente para transportá-lo novamente ao fluxo perfeito do amor.

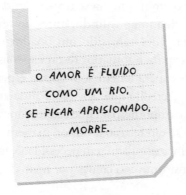

Em um dos versos mais bonitos do Tao Te Ching, Lao Tsé nos fala sobre isso:

"Alguém precisa arriscar responder à injúria com bondade, ou a hostilidade jamais se transformará em boa vontade".

Costumo traduzir esse verso da seguinte maneira:

"Alguém precisa arriscar responder à injúria com amor, ou o ódio jamais se transformará em boa vontade".

O mesmo verso termina da seguinte maneira:

"Aquele com real virtude
sempre busca um meio de dar.
Aquele que não tem real virtude
Sempre busca um meio de receber.
Para o doador vem a abundância de vida;
para o tomador, somente uma mão vazia".

Qual seria essa "real virtude" à qual Lao Tsé refere-se, nesse verso, escrito há 25 séculos? Não duvido que ele se refira ao amor. Para receber o amor, precisa se tornar um doador antes. Observe o que tem doado ao mundo, antes de reclamar a falta de algo em sua vida. Você tem sido um doador ou um tomador? Lembre-se de que para o tomador restará apenas uma mão vazia.

Pare um pouco para refletir sobre a sua espera do mundo e a sua doação a ele. Acredite que, ao tomar uma atitude de doação, estará abrindo as comportas para que a abundância comece a entrar em sua vida, não só em relação ao amor, mas em todos os aspectos. Observe o que tem acumulado sem necessidade, talvez por acreditar na escassez, e transforme essa crença por meio da ação de dar.

4

Quarto passo:
É melhor ser otimista

> "Aquilo que o homem semear,
> isso também ceifará."
> **(Gálatas 6-7)**

Este é um assunto que tem gerado algumas controvérsias e interpretações distorcidas, portanto, eu espero que você, leitor, tente captar com cuidado o que eu gostaria de transmitir quando afirmo que o otimismo é algo valioso.

Uma recente crítica à determinada forma de otimismo, a "positividade tóxica", tem ganhado repercussão na mídia. Essa positividade tóxica seria encontrada naquelas pessoas que ignoram a realidade e perdem a empatia com o próximo em prol de manterem, forçadamente, uma visão de tudo permanecer sempre bem. Na minha opinião, ser otimista está longe de ignorar a realidade, muitas vezes caótica. Ser otimista é sempre buscar meios para tornar a situação melhor, significa viver com os pés no chão, mas sem perder a capacidade de acreditar. Da mesma maneira, ser positivo não é ignorar sentimentos ruins que porventura passemos a sentir, mas buscarmos entender e aprender com a situação, e tirar algo de bom dessa situação.

O diário da felicidade

Vários estudos científicos criteriosos têm revelado o impacto positivo do otimismo na qualidade de vida das pessoas, na recuperação de doenças, no enfrentamento de situações adversas, entre outras inúmeras vantagens. Pelo fato de o nosso corpo não diferenciar realidade de imaginação, se estivermos constantemente pensando coisas negativas, nosso corpo reagirá da mesma maneira daqueles que vivenciam essas coisas na realidade; isso acontece com a liberação de diversos hormônios relacionados ao estresse, alterando o equilíbrio natural e saudável do corpo. Ao longo do tempo, tal situação causará danos irreversíveis ao nosso sistema. Outra maneira de justificar que é melhor sermos otimistas se baseia no fato de que o nosso pensamento é a base da construção da nossa atitude, e essa atitude, por sua vez, é a base construtora da realidade, que por sua vez será captada por nossos sentidos e será interpretada pela mente através de mais pensamentos, fechando assim o ciclo (figura 1). Portanto, pensamento negativo irá gerar uma atitude negativa e, no final do ciclo, perceberemos a realidade ao nosso redor, como negativa. É impossível alguém vivenciar uma realidade positiva, boa, prazerosa ou satisfatória alimentando pensamentos negativos.

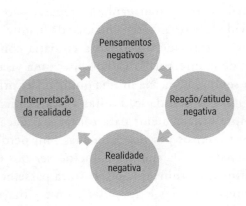

Figura 1: ciclo do pensamento e realidade.

Dr. Hesley L. L. Miranda

Uma das frases que mais escuto em meu consultório é: "Doutor, eu sempre penso no pior". A grande maioria das pessoas que me falam isso relata que o faz como maneira de se proteger de algo ruim ou pelo menos para "não sofrer demais quando esse algo ruim acontecer". Então eu faço a seguinte pergunta para essas pessoas: e agora que nada disso está acontecendo, você está sendo feliz? A resposta é sempre "não". O otimismo que tento defender aqui é o daqueles que também pensam no pior, mas escolhem conscientemente não alimentar este tipo de pensamento. Pessimistas sempre buscarão focar no 1% que está ruim, mesmo quando há 99% de coisas boas, enquanto o otimista foca no 1% que está bom, mesmo quando há 99% de coisas ruins. São duas maneiras diferentes de vivenciar a realidade, porém qual dos dois tipos introjetará diversos tipos de hormônios danosos ao organismo, envenenando suas células cronicamente? Quem terá mais energia para dedicar à melhoria do que pode ser melhorado naquela situação?

Imagine que duas pessoas receberam diagnóstico de câncer e que irão fazer sessões de quimioterapia com 50% de chance de ficarem curados. O pessimista pensa que provavelmente irá morrer, que irá sofrer antes de morrer, que a quimio não funcionará. O otimista pensa que a quimio irá funcionar e que sairá em breve daquela situação. Qual dos dois terá mais chances de responder bem ao tratamento? Vários estudos científicos devidamente estruturados mostram que pessoas otimistas apresentam mais chances de aderir ao tratamento e ter resultados mais positivos não só em relação ao câncer, mas em diversas outras patologias. Além disso, avaliações através de escalas amplamente validadas mostram que a qualidade de vida de pessoas otimistas é melhor.

Bem, até este momento, expus as evidências científicas que justificariam uma atitude positiva diante da vida, porém, como falei na introdução deste livro, minha intenção aqui é muito mais voltada a relatar o que aprendi através das

O diário da felicidade

minhas experiências e, por isso, não posso omitir uma certa influência espiritualista (não relacionada a nenhuma religião específica) que me fez acreditar no benefício do otimismo antes mesmo de ter conhecimento científico.

Meu primeiro contato com um dos campos que estudam e defendem o pensamento positivo aconteceu em 2006, quando li o livro *O segredo*, e me parece que esse livro foi um dos grandes difusores de uma teoria existente desde o início do século XX, chamada "Lei da Atração". Basicamente, os defensores dessa lei misteriosa acreditam que nosso pensamento emite uma força magnética poderosa que está constantemente atraindo pessoas, coisas e situações para nossas vidas. Eles justificam a veracidade dessa lei utilizando alguns preceitos da física quântica, como a nossa interconectividade com tudo o que existe e o fato de que tudo está em constante vibração, emitindo assim ondas específicas. Assim, determinados pensamentos prevalentes em nossas mentes estariam emitindo ondas em determinada frequência que acabariam atraindo tudo aquilo que estivesse em sintonia vibracional com a nossa realidade. Um exemplo simples seria o seguinte: se você pensa constantemente em dívidas, se preocupa com a escassez, teme chegar ao final do mês e não ter dinheiro para pagar suas contas, então é isso que você atrairá. Se, pelo contrário, você mudar o padrão vibracional para pensamentos de fartura, de abundância, também é isso que você passará a atrair.

Inicialmente, achei bastante ilógica, fantasiosa e até pueril essa teoria. Porém, percebi, ao longo dos meus estudos, que esse pensamento vinha sendo difundido desde muito antes da postulação da lei da atração, até os dias de hoje, por filósofos, mestres espiritualistas e psicoterapeutas, apenas vestindo uma roupagem diferente (menos mística, na minha opinião) da que foi explicitada no livro que citei. Talvez você já tenha ouvido falar sobre o "efeito placebo", onde determinadas pessoas apresentam respostas positivas a determinado tipo de

Dr. Hesley L. L. Miranda

tratamento, apenas por acreditarem que estão se tratando, quando na verdade a medicação que estão tomando não contém nenhuma substância ativa. Esse é um bom exemplo do poder que o pensamento pode ter sobre a realidade. Outro exemplo, bastante utilizado pelas abordagens psicoterapêuticas e Programação Neurolinguística é o conceito de crenças limitantes. De acordo com essas abordagens, nós adquirimos essas crenças ao longo das nossas experiências e as transformamos em verdades absolutas, logo elas passam a condicionar de maneira negativa a nossa realidade. Um exemplo seria a da pessoa que por algum motivo acredita que "não tem sorte no amor" (crença limitante) e acaba por atrair pessoas que a rejeitam ou por autoboicotar relações verdadeiras e saudáveis que poderia desenvolver. Mestres espiritualistas como Buda já enfatizavam o benefício da meditação como forma de "neutralizar" o poder dos pensamentos sobre nosso corpo e nossa realidade e, hoje em dia, essa técnica milenar tem sido estudada pela epigenética como forma de influenciar positivamente inclusive a expressão de nossos genes. Portanto, assim como aconteceu comigo, eu espero que você comece a acreditar no enorme poder que seu pensamento tem sobre todos os aspectos de sua vida e utilize a partir de agora esse conhecimento a seu favor.

Enquanto a Lei da Causa e Efeito, difundida pelo espiritismo, se baseia em ações e consequências – ou seja, se você age de determinada maneira, mais cedo ou mais tarde sofrerá as consequências desses atos –, a Lei da Atração se baseia no fato de atrair para si aquilo que pensa. Acredito que essas duas leis poderiam ser englobadas em uma lei mais ampla e bastante difundida em diversas culturas: a Lei do Retorno. Resumidamente, a Lei do Retorno nos diz que aquilo que doamos (por intermédio de ações, sentimentos e pensamentos) será aquilo que receberemos. Portanto, mais cedo ou mais tarde, todos nós teremos aquilo que merecemos.

O diário da felicidade

Proponho, aqui, entrar em sintonia com pensamentos bons, positivos e saudáveis o máximo possível. Isso, indubitavelmente, beneficiar-nos-á por tudo o que já expliquei anteriormente. Daí vem a grande importância de sermos sempre gratos, pois a gratidão é a forma mais positiva de pensar, sentir e agir. Ao agradecer pelo que temos e somos, nós estamos emanando bons sentimentos, otimismo e, como consequência, colhemos a abundância. Da mesma forma, atitudes de doação abrem o fluxo para que possamos receber.

Convido você a escrever, agora, os motivos que tem para agradecer.

Sou grato por...

_____

_____

_____

_____

_____

_____

_____

_____

_____

_____

Também oriento você, novamente, a ser um doador sempre que for possível. Assim, perceberá, na prática, que quanto mais você doa, mais recebe (isso vale para objetos e sentimentos).

> "A insatisfação por aquilo que não temos
> é resultado da falta de gratidão
> por aquilo que temos."
> **(Daisaku Ikeda)**

Existe alguma frase negativa que você incorporou como sendo a verdade sobre sua vida (exemplo: "eu nasci para sofrer" ou "eu não tenho sorte no amor" ou "tudo sempre dá errado para mim")?
Se sim, convido você a desfazer essa mensagem agora. Escreva a mesma frase de forma positiva (usando o exemplo anterior, escreva "eu nasci para ser feliz", "eu mereço amar e ser amado", "tudo acontece para o meu bem") e acredite que essa será a sua verdade de agora em diante.

_____

_____

_____

_____

O MAL QUE COMETO, A DOR QUE PROVOCO E OS DANOS QUE CAUSO FAÇO-OS A MIM TAMBÉM.

IMPORTANTE:
"A lei da mente é implacável.
O que você pensa, você cria;
O que você sente, você atrai;
O que você acredita se torna realidade."
(Buda)

O diário da felicidade

Agora eu lhe peço para que escreva, nas linhas seguintes, os seus maiores desejos. No mínimo, essa lista ajudará você a organizar seus pensamentos, e talvez encontrar mais crenças limitantes que o impediram até agora de realizar seus sonhos. Não tenha medo de sonhar e acredite que, dentro de você, existe um poder ilimitado, capaz de realizar o que parece impossível.

Os meus maiores desejos são:

_____

_____

_____

_____

_____

_____

_____

_____

_____

_____

_____

_____

_____

_____

_____

_____

_____

Visualize sua lista de desejos quantas vezes você quiser, e sinta: o que pediu já é seu. Essa prática irá ajudá-lo a desfazer todas as limitações que você assumiu como verdades para sua vida.

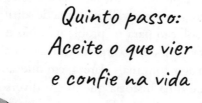

5
Quinto passo: Aceite o que vier e confie na vida

"A dor é inevitável,
mas o sofrimento é opcional."
(Tim Hansel)

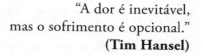

Já falei aqui da importância da aceitação em relação a quem você é, mas, na verdade, esse é um assunto muito mais amplo. A aceitação, segundo Osho, é a chave que abre todas as portas. Quando aceita a realidade em sua totalidade, rompe com as fontes de sofrimento. Você se torna uma testemunha do acontecimento com o mundo e pode, inclusive, agir para modificar algo que lhe diz respeito, porém sem se deixar afetar por qualquer coisa. Você se dá conta que faz parte de um todo e se conecta a esse todo.

Aceite toda e qualquer situação em que se encontre. Veja se está nela porque deveria estar. Observe, aprenda, aja. Toda a adversidade pode ser transformada em virtude e, por conta dela, você evolui, então a veja como um presente. A não aceitação gera toda angústia, todo sofrimento está ligado ao que acontece.

DEIXE QUE A VIDA SEJA.

O diário da felicidade

Se está doente, por exemplo, ou com muitas dívidas, o fato de não aceitar essa realidade não trará sua saúde ou seu dinheiro de volta, pelo contrário, acrescentará uma carga de sofrimento maior e afastará você da solução para o "problema". No momento em que você aceita, afasta-se dessa carga negativa emocional, ligada ao fato, e começa a agir com mais clareza, em direção à solução.

Gosto muito de uma história que li, em diversos livros, retratando essa ideia de aceitação. Ela diz o seguinte:

Era uma vez um menino pobre que morava na China e estava sentado na calçada do lado de fora da sua casa. O que ele mais desejava era ter um cavalo, mas não tinha dinheiro. Justamente nesse dia passou por sua rua uma cavalaria, que levava um potrinho incapaz de acompanhar o grupo. O dono da cavalaria, sabendo do desejo do menino, perguntou se ele queria o cavalinho. Exultante, o menino aceitou. Um vizinho, tomando conhecimento do ocorrido, disse ao pai do garoto: "Seu filho é de sorte!". "Por quê?", perguntou o pai. "Ora", disse ele, "seu filho queria um cavalo, passa uma cavalaria e ele ganha um potrinho. Não é uma sorte?". "Pode ser sorte ou pode ser azar!", comentou o pai.

O menino cuidou do cavalo com todo zelo, mas um dia, já crescido, o animal fugiu. Dessa vez, o vizinho diz: "Seu filho é azarento, hein? Ele ganha um potrinho, cuida dele até a fase adulta, e o potro foge!". "Pode ser sorte ou pode ser azar!", repetiu o pai.

O tempo passa e um dia o cavalo volta com uma manada selvagem. O menino, agora um rapaz, consegue cercá-los e fica com todos eles. Observa o vizinho: "Seu filho é de sorte! Ganha um potrinho, cria, ele foge e volta com um bando de cavalos selvagens". "Pode ser sorte ou pode ser azar!", responde novamente o pai. Mais tarde, o rapaz estava treinando um dos cavalos, quando cai e quebra a perna. Vem o vizinho: "Seu filho é de azar! O cavalo foge, volta com uma manada selvagem, o garoto vai treinar um deles e quebra a perna". "Pode ser sorte ou pode ser azar!", insiste o pai.

Dr. Hesley L. L. Miranda

Dias depois, o reino onde moravam declara guerra ao reino vizinho. Todos os jovens são convocados, menos o rapaz que estava com a perna quebrada. O vizinho: "Seu filho é de sorte..."
(autor desconhecido)

A realidade das nossas vidas é igual ao relatado nessa história. Às vezes, ocorre-nos algo por algum motivo maior, que só iremos perceber depois. Por isso, não é saudável julgarmos, o tempo inteiro, os acontecimentos como bons ou ruins. Eles apenas são o que são. Ao aceitar o acontecido, poderemos aprender e amadurecer sem sofrimento e, assim, a nossa paz não será perturbada pela inconstância natural da vida.

Da mesma forma, deve aceitar o que lhe acontece, isso é importante. Nessa hora, devo me questionar: "Então eu devo aceitar a injustiça, a fome, a violência, a corrupção e tudo de ruim que acontece no planeta?". Entenda que todos nós estamos no nosso processo de evolução e acontece, com cada um, o necessário para seu crescimento. O mundo é harmônico e continuará sendo com ou sem a existência da humanidade. O mundo não deve se adequar aos seus conceitos pessoais de mundo ideal, assim como as pessoas nunca irão ser como você deseja. Tentar controlar tudo o que acontece é um desgaste totalmente desnecessário. Precisamos confiar mais na vida.

> **!** **IMPORTANTE:** não é determinada situação que o deixa infeliz, mas sim o pensamento alimentado em relação àquela situação. A chuva que alaga as cidades, atrapalhando o trânsito, é a mesma da irrigação dos campos, trazendo a fartura. **!**

Quando você se transforma, o mundo se transforma. Essa é a verdadeira mudança. Isso não quer dizer que não deve se

O diário da felicidade

sensibilizar com alguém passando fome, ou que deve não agir, de modo a evitar uma agressão diante de seus olhos. Não é isso! Estou tentando explicar é que não deve se identificar ao fato. Quando se identifica com algo julgado errado por você, como mau ou injusto, geralmente reage a isso. Quem não se identifica age, ao invés de reagir. A reação está ligada ao ego, a ação está ligada à essência. Um exemplo que li no livro de Anthony de Mello (1991) dizia assim: você está numa fila e uma pessoa passa em sua frente furando a fila, então se perturba e faz alguma coisa para corrigir aquela atitude. Você agiu certo? Não e sim. Sim, por ter agido para corrigir a atitude inadequada; não, por ter se perturbado, porque, ao se perturbar, você se estressou, elevou sua pressão arterial, teve tensão muscular, irritou-se... Então acabou se punindo diante da atitude errada de alguém. Isso é justo com você? Quando não se identifica, não se deixa afetar, você consegue agir de maneira mais clara e efetiva, sem causar dano a si próprio. Você não tinha entendido isso até agora porque foi programado para achar que só agimos quando nos perturbamos com algo. Acredite, quando estamos perturbados, perdemos energia e confundimos nossa percepção, então agimos de maneira menos eficaz desse modo.

A felicidade consiste em aceitarmos o que é e sermos um com o todo. Nós não podemos modificar os acontecimentos, mas podemos aceitar ou rejeitar a realidade e, assim, gerar paz ou intranquilidade para nós mesmos. Se modificarmos nosso estado de espírito, no qual recebemos os acontecimentos, a real mudança acontece. Epíteto já dizia, em sua máxima: "Não são as coisas em sua materialidade que nos perturbam, mas os julgamentos que projetamos sobre as coisas, ou seja, o sentido que nós lhe damos". Somos livres para interpretar o mundo, e a nossa paz e felicidade dependem dessa nossa interpretação. O mundo é um só, ele não irá se adaptar às nossas necessidades. Como um rio, possui seu próprio curso, assim é a vida, podemos fluir junto com ele ou tentar nadar contra a correnteza. Se há uma doença em você, a evolução dessa enfermidade dependerá da maneira que a aceita ou a rejeita. Na aceitação, não há sofrimento, o caminho se torna livre para a cura acontecer ou não. Já quando há rejeição, adicionamos uma carga de sofrimento, caminhamos contra a corrente e esvaímos nossas energias (serão essenciais para a recuperação do corpo doente), afastando-nos, assim, de uma possível cura. As coisas são do jeito que são, nem boas, nem ruins, é o nosso julgamento que as qualifica assim. Observe o filtro pelo qual você tem interpretado o mundo, mude de filtro e o mundo mudará.

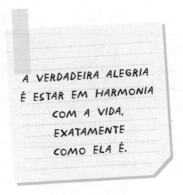

A VERDADEIRA ALEGRIA
É ESTAR EM HARMONIA
COM A VIDA,
EXATAMENTE
COMO ELA É.

Lembre-se: aceitar não é o mesmo que se acomodar, nem ser negligente. Aceitar é fluir com o oferecido ou tirado pela vida, entendendo que tudo faz parte de uma rede de acontecimentos muito maior do que conseguiríamos compreender. Diante de uma situação difícil, podemos ter dois tipos de atitude: reagir ao fato com raiva, negação, inconformismo, deixando a situação ainda mais difícil, ou agir diante do ocorrido, aceitando o problema sem acrescentar conteúdos desnecessários e buscando aprender o que devemos por intermédio dele.

O diário da felicidade

Talvez, assim como já aconteceu inúmeras vezes comigo, tenha acontecido de você ter passado por alguma situação de grande sofrimento e, depois de um tempo, percebeu que foi bom ter passado por aquilo, pois lhe ensinou lições preciosas. Lembre agora da pior situação já vivida no passado e tente escrever o que aprendeu com ela.

O objetivo aqui é fazer você perceber que nada passa sem deixar uma lição e que, às vezes, conseguimos até ser gratos pelas coisas ruins acontecidas. Fazer as pazes com o passado, perdoar-se e dar o perdão às pessoas que lhe fizeram mal são atitudes necessárias para encerrar o ciclo de sofrimento. Não guarde mágoas ou ressentimentos, cada um irá responder pelo mal que fez aos outros, invariavelmente. Se você ama quem se tornou, não deve rejeitar as situações que o moldaram até aqui.

6

Sexto passo: Recarregue sua bateria

> "Opte por aquilo que faz o seu coração vibrar."
> **(Osho)**

A falta de contato com nossa fonte de felicidade faz com que cheguemos ao esgotamento físico e mental, rapidamente, todos os dias. Acordamos cansados, passamos o dia inteiro indispostos, e vamos dormir exaustos. Parece existir algo sugando a nossa energia e, frequentemente, nós também passamos a sugar a energia das pessoas ao nosso redor. Falamos coisas negativas, despejamos nossos problemas, fingimos ouvir o que elas nos têm para falar, mas estamos apenas aguardando o assunto acabar para iniciar a nossa rodada de lamentação. Para rompermos com esse ciclo apelidado de "vampirismo energético", precisamos nos conectar ao que recarrega nossa energia e nos afastar daquilo que a desgasta.

Evite o contato com quem é negativo demais, com quem exala ódio ou rancor constantemente, com ambientes pesados, com substâncias químicas e alimentos prejudiciais ao seu corpo. Não se sinta mal quando perceber a necessidade de romper com pessoas tóxicas, talvez você precise disso agora para voltar a se

O diário da felicidade

sentir saudável. Procure se aproximar de pessoas leves e alegres, de ambientes prazerosos, alimente-se bem, escute uma boa música, contemple o nascer ou o pôr do sol, exercite-se... A natureza é uma poderosa fonte de energia e, quanto maior for o seu contato com ela, maior será a velocidade do seu restabelecimento. Há pouco tempo, li uma frase que fez muito sentido para mim, cujo autor não me recordo: "O cansaço não acontece pelo fato de você estar fazendo muitas coisas, o cansaço acontece porque você está fazendo pouco do que o faz sentir-se vivo". Quando estamos fazendo algo harmonioso com a nossa essência, não sentimos o tempo passar. O problema é que vamos deixando essas atividades de lado. Devido à correria do dia a dia, vamos sendo levados pelo fluxo incessante de obrigações e responsabilidades e nos esquecemos da importância de parar um pouco. Muitas pessoas só se dão conta disso quando chegam ao esgotamento físico e mental extremo, chamado hoje em dia de *"burnout"*. Vários empresários, ao perceberem o dano que vinham causando a seus funcionários, resolveram inserir intervalos durante a jornada de trabalho deles, realizando alguma atividade de relaxamento, meditação, alongamento ou outra atividade prazerosa. Com isso, recuperaram a produtividade da empresa e reduziram afastamentos por transtornos mentais. Acredite que, por mais atarefado esteja, produzirá muito mais e com qualidade, se dedicar um tempo para fazer algo que restaure a sua energia. A arte é outra fonte de energia, por estar invariavelmente conectada à essência de quem a produz. Dançar, pintar, desenhar, cantar ou escrever pode ser necessário para sentir-se mais vivo. Poucos minutos dedicados a algo assim farão uma enorme diferença em sua qualidade de vida.

Talvez você já tenha ouvido falar do termo "propósito", referindo-se a um tipo de atividade que seu espírito (ou sua essência) veio para realizar neste mundo. Normalmente, você sabe da realização do seu propósito, justamente quando a atividade realizada eleva a energia, traz-lhe satisfação e flui muito naturalmente.

Dr. Hesley L. L. Miranda

Infelizmente, muitos de nós não tivemos a oportunidade de nos dedicar àquilo que nos traz essa alegria e estamos em empregos desgastantes, pela demanda financeira. Essa é a realidade. Seria irresponsável largar tudo para buscar esse propósito. Porém eu acredito na necessidade de alinhar sua realidade atual com algo que lhe traga essa sensação de estar vivo, e a mudança em sua vida acontecerá naturalmente. Quando sentir que uma pequena atividade o enche de alegria, essa atividade estará em harmonia com o seu propósito, e dando uma pequena abertura na sua rotina para realizá-la, não haverá mais nada que possa segurá-lo.

Em uma famosa pesquisa de Harvard (Robert Waldinger), foram acompanhados 700 jovens das mais variadas realidades de vida, monitorando seu estado mental, físico e emocional. O autor descobriu o fator mais importante, encontrado para a sensação de satisfação ao longo da vida: a qualidade das suas relações. Estar em comunidade, sentir-se útil, ter conexões reais, é essencial para nos sentirmos felizes. Outra questão, intimamente relacionada ao senso de felicidade e que devemos nos perguntar agora é: eu estou fazendo coisas que têm significado para mim? Se sua resposta for não, chegou a hora de mudar!

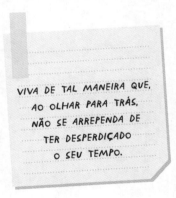

VIVA DE TAL MANEIRA QUE, AO OLHAR PARA TRÁS, NÃO SE ARREPENDA DE TER DESPERDIÇADO O SEU TEMPO.

Anote aqui as maneiras que você já costuma (ou poderá) usar para recarregar sua energia.

Atividades que me fazem sentir vivo:

_____

_____

O diário da felicidade

Se você incorporar essas atividades em sua rotina, sua vida será muito mais prazerosa. Não custa tentar! Sugiro fortemente que comece alimentando-se saudavelmente e que se engaje em uma atividade prazerosa, de preferência em grupo.

7

Sétimo passo:
Não se apegue

> "Desapegar não significa que você não deve possuir nada, mas sim que nada deve possuir você."
> (Ali Ibn Abi Talib)

Permita-me ser um pouco repetitivo ao falar novamente sobre o apego e sua relação com a infelicidade. Nós não queremos abrir mão das coisas, dos rótulos e das pessoas, partes do que somos. Na verdade, apegamo-nos à máscara que usamos de uma maneira tal que, com o tempo, acreditamos ser essa máscara. É como um ator, intérprete de um personagem, depois de muito tempo interpretando esse papel, acredita ser o personagem. Alguém falou que não há problema nenhum em tropeçar no caminho. O problema real é se apegar à pedra. É isso, nós estamos nos apegando às pedras e carregando-as nas costas. Apegamo-nos ao dinheiro, ao sucesso, à nossa carreira, ao nosso corpo, às pessoas com quem convivemos, e passamos a carregar todo esse peso por medo de perdê-los. Achamos que, sem eles, não seremos nada e nos tornaremos infelizes. Daí surgem a ansiedade e a angústia, pois nada disso é realmente nosso. No fundo, nós sabemos que tudo na vida é um empréstimo,

O diário da felicidade

tudo está em constante transformação, nada permanece. Então por que fechamos os olhos para essa realidade e nos agarramos com tanta força a essas coisas? Teoricamente, o apego surge quando falamos pela primeira vez a palavra "meu". Nesse momento, estamos construindo o nosso ego, que até então não existia. Passamos então a investir mais afeto em tudo que estiver associado a esse simples pronome "meu". Minha mãe, meu brinquedo, minha casa, minha namorada, meu carro, meu trabalho... O grande problema começa quando confundimos o Eu com o Meu. Então, ao perder aquilo que é "meu", eu sinto como se parte do "eu" tivesse ido embora; ou quando alguém critica o que é "meu", eu sinto como se ele estivesse ferindo o "eu". O ego foi construído pela necessidade de individualização daquele ser em formação, porém precisamos descobrir nossa essência como outra coisa e, para chegarmos a essa descoberta, precisaremos desapegar. Ao fazermos isso, tornamo-nos leves e livres; as coisas, bem como a energia, deixam de estar estagnadas e passam a fluir como tudo o que é natural.

Temos um vazio interior, o qual surge do não conhecimento do que realmente somos. Tentamos preencher esse vazio com coisas externas, às quais nos apegamos e acreditamos que, se as segurarmos firmemente, estaremos protegidos, mas o que acontece é justamente o oposto. Quanto mais apegados somos, mais inseguros e medrosos tornamo-nos. Quando o apego está dirigido a alguém, confundimo-lo com amor e, por consequência, rejeitamos o desapego, por entender desapegado como ser frio (desprovido de amor). Na realidade, o apego nada tem a ver com o amor. O verdadeiro amor se baseia na liberdade, em querer o outro feliz, enquanto o apego se baseia na posse e no desejo de que o outro faça você feliz.

Outro engano comum é achar que só nos apegamos ao bom. Quantas pessoas se apegam a uma história de sofrimento, por medo de não saberem quem são sem aquela sequência de eventos pesarosos que lhe aconteceram? Quantos se apegam à ansiedade sentida, por acharem que sem ela ficariam vulneráveis? Ao longo da minha experiência, como psiquiatra, tenho visto várias formas de apego dessa maneira. Como eu já expliquei anteriormente, quando crianças, aprendemos que se agirmos de determinada forma, nossos pais ficarão felizes e nos darão amor; caso nosso comportamento seja diferente do que eles desejam, cremos correr risco de sermos desprezados. Dessa forma, moldamo-nos ao determinado pela sociedade, para dela obtermos o que queremos, que em última análise seriam amor, proteção e aceitação. Vamos vestindo nossas máscaras e perdendo nossa espontaneidade, gradualmente, a ponto de esquecermos quem realmente somos. Nas escolas, ensinam-nos que devemos ter sucesso, produzir, destacar-nos, tornar-nos pessoas importantes, mas não aprendemos que, antes de tudo isso, nós devemos ser felizes. Tornamo-nos máquinas produzidas para seguir um determinado padrão: o de querer sempre mais. E se não acordarmos para esse fato, continuaremos disseminando, cegamente, essa maneira de viver. É por isso que a sociedade se encontra tão adoecida. Nós não temos relacionamentos verdadeiros. Quem está se relacionando é o seu personagem com o da outra pessoa, e esse vínculo é tão frágil que se rompe diante de qualquer pressão sofrida.

Nesses tempos em que as redes sociais têm exposto, cada vez mais, a vida íntima das pessoas, percebemos um aumento proporcional de insatisfação, tristeza, frustração e fragilidade nas relações pessoais. Isso acontece porque a máscara vestida antes, apenas em situações pontuais, agora se torna vestimenta permanente, com a exposição constante proporcionada pela internet. As pessoas não têm mais tempo de serem elas mesmas, estão constantemente vivendo o personagem que criaram e isso se tornou um vício epidêmico. A opinião/julgamento do outro se tornou ainda mais importante; a necessidade de estar em evidência tem superado a necessidade de viver as experiências que a vida proporciona. Causar inveja no outro tem sido algo incentivado e aplaudido por meio das redes. Tudo isso tem causado um adoecimento social profundo. Esse intuito de aproximar cada vez mais as pessoas tem feito o oposto (figura 2).

Figura 2: ciclo do vazio existencial e mídia.

Precisamos nos despir das nossas máscaras, quebrar os muros construídos para proteger nosso ego das decepções, da rejeição, da falta de amor... Precisamos resgatar a criança livre e espontânea enclausurada dentro de nós. Não há necessidade de nenhuma proteção e de nenhum apego, quando encontramos a fonte da felicidade habitante dentro de nós, quando descobrimos que nossa essência não pode ser atingida por nada e por ninguém. Paramos de tentar nos enxergar por intermédio da visão do outro e passamos a ser felizes com o que realmente somos; o ameaçador torna-se um aliado ao nosso crescimento espiritual e passamos a aceitar tudo o que acontece. O mundo passa a ser bonito em todos os seus aspectos.

Dr. Hesley L. L. Miranda

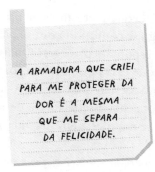

A ARMADURA QUE CRIEI PARA ME PROTEGER DA DOR É A MESMA QUE ME SEPARA DA FELICIDADE.

O poema "Mal Secreto" (Raimundo Correia)* continua a ser bastante atual nos dias de hoje.

"*Se a cólera que espuma, a dor que mora*
N'alma, e destrói cada ilusão que nasce
Tudo o que punge, tudo o que devora
O coração, no rosto se estampasse;

Se se pudesse, o espírito que chora,
Ver através da máscara da face,
Quanta gente, talvez, que inveja agora
Nos causa, então piedade nos causasse!

Quanta gente que ri, talvez, consigo
Guarda um atroz, recôndito inimigo
Como invisível chaga cancerosa!

Quanta gente que ri, talvez existe,
Cuja ventura única consiste
Em parecer aos outros venturosa!"

---
* CORREIA, R. In: PATRIOTA, M. *Para compreender Raimundo Correia.* Brasília: Alhambra, 1995.

O diário da felicidade

Você se lembra de quem era antes de precisar usar suas máscaras? Antes de o ego se confundir com sua identidade? Você era mais leve, criativo, espontâneo, alegre? Quais eram seus sonhos, seus gostos? Sente que essa pessoa existe por baixo dos personagens que o mundo o fez acreditar serem você? Tente acessar sua criança interior agora, sua essência livre de rótulos, permitindo que ela se liberte e se manifeste em sua vida atual.

Eu acolho você, minha criança interior, que é essencialmente:

_____

_____

Eu peço perdão por ter me distanciado de você por motivos que não entendia naquele momento:

_____

_____

_____

_____

Quero realizar os sonhos e desenvolver os dons que são únicos em você:

_____

_____

_____

_____

_____

Por favor, não se constranja com este exercício, pois ele tem um poder de cura interior especial. Mentalize a sua criança interior, abrace-a, acolha-a, diga que ela não está sozinha, mostre-se orgulhosamente para ela e agradeça por tudo o que ela precisou enfrentar para chegar até aqui.

8

Oitavo passo: Rompa com a mente e permaneça no aqui e agora

> "Portanto, não se preocupem com
> o amanhã, pois o amanhã trará
> as suas próprias preocupações."
> **(Mateus, 6:34)**

Peço-lhe uma atenção especial para este passo que considero o ensinamento principal para se alcançar a felicidade. Aprendi sobre ele quando fui apresentado às obras de Eckhart Tolle. No seu livro *O poder do agora* (2010), eu pude compreender que, apesar da enorme importância de parar de me vitimizar, de aceitar a mim mesmo, de não temer o julgamento alheio e de ter pensamentos positivos e boas ações, eu não estava praticando algo essencial para ser feliz, viver o presente! Aprendi que o agora é tudo o que temos e é somente neste momento presente que podemos ser felizes.

Até este momento, tentei explicar determinados padrões problemáticos que costumamos adquirir ao longo da vida e nos trazem infelicidade como resultado. Agora, a mensagem que eu gostaria de passar vai além do nível comportamental e, de certa forma, abrange todos os outros passos de uma maneira mais profunda.

O diário da felicidade

Quem se prende muito ao passado tem uma forte tendência à depressão, e quem pensa demais no futuro, provavelmente, desenvolverá ansiedade. Quem vive pensando "eu serei feliz se terminar a faculdade" ou "eu serei feliz se tiver um bom salário" ou "eu serei feliz se me casar" acaba por não alcançar a felicidade nunca, pois ela sempre estará no futuro. Ainda há aquelas pessoas pessimistas, que projetam um futuro sombrio, ameaçador ou ruim e vivem em constante estado de apreensão. Elas pensam "e se eu adoecer, não haverá ninguém para cuidar de mim" ou "se eu for demitido desse emprego, vou passar fome", e assim vivem uma vida cheia de tensão e medo.

Quem pensa que não é feliz hoje porque passou por muitas situações tristes ou traumáticas não se percebe apenas trazendo, para o presente, a infelicidade do passado, a qual não pode mudar. Muita gente gasta uma boa parte do seu tempo pensando em como teria sido sua vida se tivesse feito escolhas diferentes ou vive presa a um passado "onde foi feliz", deixando passar a única chance de ter felicidade real, que seria vivendo o presente. O "se" empregado, tanto em relação ao passado como em relação ao futuro, acaba por ser o maior veneno da sua vida. Esses pensamentos disfuncionais, se não forem trabalhados, poderão ser geradores ou perpetuadores de doenças, como a depressão ou ansiedade, e uma das formas de diminuir a força deles é focando no presente.

Um exemplo simples de que não vivemos o aqui e agora é o do "caminho para casa". Provavelmente, todos nós já passamos pela situação de voltarmos para casa após um dia rotineiro e, de repente, não nos lembramos sequer de como chegamos até lá. Estávamos agindo tão automaticamente, que deixamos de estar presentes nas ações e deixamos nossos pensamentos assumirem o comando de nossas vidas. Lembramo-nos dos problemas que resolveremos no dia seguinte, da chateação que passamos devido a uma reclamação do chefe, não percebemos a nova cafeteria que abriu e nem observamos que a senhora vendedora de flores não está mais ali. De repente, chegamos à casa e parece que todo o percurso feito foi uma página em branco. Isso é viver condicionado ao pensamento. Digo-lhe mais, talvez você não tenha tomado banho nos últimos 10 ou 20 anos! Isso acontece porque, ao tomar banho, não está ali, não está apreciando o momento, o contato da água em sua pele ou o cheiro do sabonete em suas narinas, pois, na verdade, você está pensando no horário que deve sair de casa para não chegar atrasado ao trabalho, ou fazendo a programação mental das ações do seu dia, ou lembra uma palavra ríspida dada por aquela pessoa que gostava tanto... E isso permanece enquanto almoça, enquanto amamenta seu filho... Esses pensamentos vão gerando uma infinidade de sentimentos, mas como você está tão "no automático", não consegue perceber isso.

Ao contrário disso, quando você está no agora, toda e qualquer experiência se torna prazerosa, é como se tirasse uma venda de seus olhos e passasse a enxergar realmente a beleza da vida. Se estiver fazendo algo e estiver inteiramente ali, não só fará aquilo de uma maneira mais eficiente, mas também sentirá tranquilidade e felicidade em cada momento. Dessa forma, também encontrará espaço para a criatividade atuar, assim como para encontrar as melhores soluções para os problemas que porventura surjam.

> "Nem teus piores inimigos podem fazer tantos danos como teus próprios pensamentos."
>
> **(Buda)**

O motivo pelo qual deixamos de viver o presente é porque nos tornamos escravos dos nossos pensamentos, sem, ao menos, darmos conta disso. Pior ainda, acorrentamo-nos tão firmemente a esses pensamentos na ilusão de que nós somos eles. Identificamo-nos com nossas mentes e isso só fortalece o poder que elas exercem sobre nós. Eckhart Tole (2010) alerta-nos sobre a necessidade de rompermos essa identificação com a mente, para encontrar novamente

O diário da felicidade

nossa essência, tranquila e feliz por natureza. É como se a mente, com seus inúmeros e incessantes pensamentos, fosse a superfície turbulenta do mar, mas nós somos o oceano profundo, imutável e sereno. Vocês já ouviram histórias de pessoas que estavam tão cheias de problemas, sobrecarregadas de obrigações, estressadas e, de repente, como se uma mágica tivesse acontecido, essas pessoas começam a sentir uma paz profunda? Talvez isso já tenha acontecido com você também. Bom, isso acontece porque o fluxo de pensamento estava sendo tão danoso para a pessoa, que a única saída foi romper sua identificação com o pensamento. E, ao entrar em contato com o Eu verdadeiro, os únicos sentimentos serão de paz e felicidade. Os problemas e obrigações continuam ali, mas já não atormentam mais. A pessoa passa a solucioná-los, inclusive de forma mais criativa e objetiva, pois é isso o que acontece com quem está no agora.

Todos esses sentimentos, tidos como inferiores, como a raiva, a inveja, o medo e a tristeza, ocorrem-nos, em última instância, devido a nossa identificação com o Ego. Esse falso Eu teme fortemente a crítica, o fracasso, a rejeição, a solidão, gerando todo sofrimento para se proteger disso, reagindo a tudo o que acredita ser uma ameaça.

Para dar um basta nisso, precisa primeiramente reconhecer que você não é o seu pensamento, mas sim o ser pensante. Esse Ser, você de verdade, é essencialmente feliz e tranquilo, nada o atinge; permanece imutável diante de qualquer humilhação, ameaça, doença e até diante da morte e, quando se reconecta a ele, nem o sucesso, nem o fracasso importam mais, não há necessidade de ter outra vida além da sua, nem de estar em outro momento que não seja o agora.

Sei que é difícil entender essa história de observar o pensamento, principalmente quando não estamos acostumados a ler sobre esse tipo de assunto mais subjetivo. Eu também fiquei confuso na primeira vez que tive contato com tais ensinamentos. Foi por isso que deixei este capítulo para o final. Todas as

Dr. Hesley L. L. Miranda

crenças existentes no mundo concordam com o fato de que a reconexão com o nosso Ser verdadeiro, também chamado de espírito, Eu superior, entre várias outras denominações, é o caminho para atingirmos a felicidade suprema. Tentando explicar de uma maneira mais simples, é o seguinte: imagine você como o espírito habitante do seu corpo; esse espírito é essencialmente feliz e tranquilo e está em contato com tudo na natureza (percebemo-lo ao observarmos uma criança que ainda não se identificou totalmente com o ego em formação).

A mente, por sua vez, faz parte do corpo que o abriga, porém os pensamentos, gerados por essa mente, fizeram-no se afastar, cada vez mais, da sua essência, ao ponto de chegar a acreditar que você é a mente e não o espírito. Com tal crença, torna-se vulnerável a toda interpretação da mente como ameaçadora e passa a sentir medo, tristeza, ansiedade... Então, para voltar a ser verdadeiramente feliz, precisa perceber que não é esse fluxo incessante de pensamentos. Se apenas observar seus pensamentos, já estará percebendo que eles não são você, mas assim você abre o caminho de "reidentificação" com o espírito/Ser/Eu verdadeiro. Outra maneira é por meio da meditação, pois, ao meditar, cria um espaço entre você e sua mente, deixando, assim, o seu Ser se manifestar.

A sua mente vive sendo alimentada por todo tipo de sofrimento criado por ela. Mais de 90% de todo sofrimento é apenas imaginário e é o mesmo do dia anterior, no que antecedeu o anterior, e por aí vai. Estão no seu passado ou no futuro e, por isso, é impossível solucioná-los. Como lutar contra algo inexistente? Você só pode atuar no presente com o que está acontecendo aqui e agora e, apenas nesse momento, encontrará os meios para solucionar as diversas situações de sua vida.

Ao observar o seu pensamento, você se torna presente, deixa de estar no passado ou no futuro, em que o seu pensamento insiste em permanecer. Dessa maneira, deixa de viver de maneira inconsciente. Para muitas pessoas, foi necessário chegar a um nível de desespero

O diário da felicidade

insuportável para o "clique" acontecer e elas se tornarem conscientes, mas não é necessário acontecer isso com você para que desperte. No início, pode ser difícil calar a mente, os pensamentos irão teimar em invadir o silêncio, mas não deve resistir a eles, nem se sentir frustrado, basta voltar a interiorizar-se tranquilamente e observar qualquer pensamento que surja. Aos poucos, você vai tornando esse hábito frequente e vai conseguir fazê-lo em qualquer local ou situação. No estado de presença, cada célula do seu corpo vibra e cada coisa se torna bela, você encontra leveza, paz e alegria em tudo o que faz, até nas coisas mais simples.

Na próxima vez que você sentir raiva, tristeza ou ansiedade, em vez de reagir a esses sentimentos, procure observá-los, deixe de se identificar com eles e, aos poucos, esses sentimentos perderão a força e, por fim, deixarão de existir. Quando se sentir angustiado, pare um tempo, respire fundo e faça a você mesmo a seguinte pergunta: o que não estou aceitando? Ou: qual pensamento disfuncional eu estou tendo? Essa questão irá levá-lo ao pensamento originário desse sentimento. Observe esse pensamento, não o julgue e nem tente rejeitá-lo, assim permaneceria se identificando com a mente. Então apenas o observe, deixe de se identificar com ele e veja o que acontece com a sua angústia. Ao observar o pensamento, você se torna presente, consciente. Cria o espaço entre o seu Eu e a mente e, ao fazer isso, mesmo que dure apenas alguns instantes, encontrará a paz inerente ao Ser. Do mesmo modo que o céu permanece lá enquanto as nuvens passam, o seu Ser permanece imutável enquanto tais sentimentos vêm e vão. Quando eles vierem, observe-os como se estivessem acontecendo com outra pessoa. Diga para você mesmo: esse sentimento está presente, mas ele irá passar como todos os outros e eu continuarei como sempre fui.

APROVEITE A JORNADA!
VIVA O AGORA.
TOME DECISÕES.
SEJA VOCÊ.
CONFIE NA VIDA.
AGRADEÇA.
DISTRIBUA AMOR.

Você realmente quer despertar?

"Antes de curar alguém, pergunta-lhe
se está disposto a desistir das
coisas que o fizeram adoecer."
(Hipócrates)

Mesmo que todos os problemas perturbadores fossem resolvidos hoje, caso não haja uma mudança real na forma de viver, novos problemas apareceriam e, rapidamente, a mesma inquietação surgiria. Quanto mais você estiver vivendo no presente, dirigindo-se ao passado e futuro apenas pontualmente, maior a probabilidade de uma transformação real e maravilhosa em sua vida. Portanto esteja alerta. Quando sentir qualquer perturbação (e os sentimentos são ótimos sinalizadores), quando não sentir leveza, alegria e paz no que está fazendo, muito provavelmente voltou a ser dominado pela mente no passado ou no futuro. Pelo simples fato de perceber isso, você já se torna presente.

Muitas pessoas estão tão identificadas com o falso Eu, que se recusam a se livrar do sofrimento. Uma história que sempre vem à minha mente quando falo isso é a seguinte: havia pessoas acorrentadas dentro de um poço com água até a altura do nariz.

O diário da felicidade

Certo dia, alguém as encontra e pergunta o que pode fazer para ajudá-las. Elas então conversam entre si por um tempo e, finalmente, chegam a um consenso: pedem apenas que ele não faça ondas na água. Aquelas pessoas não pediram para serem libertas, afinal, elas não sabem o que as espera lá fora. Elas querem apenas um alívio para o sofrimento, mas não a libertação.

Converso com pessoas assim diariamente em meu consultório, pessoas que desejam uma medicação que alivie a dor que sentem, mas não querem pensar como modificar suas vidas para sanar de vez o sofrimento. No entanto, existe um erro, em minha opinião, quando alguns mestres espirituais falam que, ao procurar uma medicação para aliviar esse tipo de sofrimento, essas pessoas se afastam da real cura. Pense o seguinte: quando sentimos uma dor física intensa e duradoura, nós precisamos tomar um analgésico ou então não conseguiríamos suportar viver daquela forma, não é verdade? A dor às vezes é tão forte, que obstrui qualquer possibilidade de raciocínio. Tudo o que você pensa é em aliviar aquela dor. Assim também ocorre com a dor psíquica. Se essa dor for intensa demais, provavelmente nem terá capacidade para absorver e pôr em prática as lições aqui citadas. É nessa hora que a medicação se torna necessária. Ela não resolverá os problemas, mas irá aliviar a dor e, a partir daí, você passa a ter uma maior clareza para que possa tomar decisões em sua vida, inclusive a decisão de despertar.

Certa vez, eu assisti a um vídeo de um guru espiritual em que uma lagosta, ao crescer, ficava apertada em sua própria casca; para continuar a crescer, escondia-se por um tempo embaixo de pedras, livrava-se da casca velha e esperava a construção de uma nova. Ele dizia que, se ela tivesse acesso a uma medicação para aliviar o sofrimento causado pela pressão do seu corpo numa casca que não a comportava mais, talvez ela nunca crescesse. O que você acha disso? Parece coerente isso, não é? Eu concordo em grande parte. Acredito que o sofrimento pode ser preciosa fonte de crescimento e amadurecimento. Mas acontece que até a lagosta precisou da proteção

Dr. Hesley L. L. Miranda

das pedras para ultrapassar o seu momento mais vulnerável, caso contrário, muito provavelmente morreria. O ser humano também pode necessitar de uma proteção nesse momento de fragilidade, principalmente quando existe um risco de vida. Ir a um profissional e buscar acolhimento pode ser tão essencial quanto o esconderijo embaixo das pedras que a lagosta encontrou. Tomar uma medicação, quando bem indicada, pode ser o diferencial entre a vida e a morte de alguém que sofre. Outra questão importante, o ser humano, dificilmente, pode se esconder por um período até que se torne fortalecido novamente, há responsabilidade com o emprego, com os estudos, com os filhos etc., que dificultam a possibilidade de esperar a resolução espontânea do processo.

Diante disso tudo, o importante não é se devemos ou não tomar uma medicação para aliviar o sofrimento psíquico, pois cabe ao médico ter o bom senso de decidir sobre isso. O imprescindível é que a pessoa, se realmente deseja despertar, não se acomode diante do alívio causado pelo medicamento, continue procurando crescer e amadurecer, queira romper com os padrões que a levaram ao adoecimento, que um dia queira sair da zona de proteção...

A realidade, como constatou Antony de Mello, em suas últimas palestras, é que poucas pessoas estão dispostas a despertar. Essa é uma decisão individual e, por mais que eu saiba, é maravilhosa a sensação de entrar em sintonia com a minha essência; não sou capaz de fazer nada por aqueles que não desejam ter essa experiência transformadora. O livre-arbítrio consiste nisso. Você pode seguir sua mente ou seu espírito. Escolhendo a mente, possivelmente continuará reagindo a tudo o que ela interpretar como ameaçador, terá medo do fracasso, da humilhação, da perda; continuará sendo marionete da sociedade, que põe você para cima ou para baixo e o faz buscar coisas para preencher o vazio existencial. Quando, no entanto, você escolhe seguir seu verdadeiro Eu, nada mais terá poder de perturbá-lo, sua vida fluirá naturalmente e haverá alegria em tudo o que fizer.

O diário da felicidade

Agora, você terá este espaço livre para escrever. Aproveite para resumir o que você achou de útil nesta leitura, o que fez mais sentido para você ou o que pareceu mais desafiador. Escreva sobre as mudanças que pretende fazer em sua vida para torná-la melhor ou, simplesmente, deixe sua criatividade vagar, desenhe, faça gráficos, use diversas cores, torne este livro único. Lembre-se de que, além de ser terapêutico, fica mais fácil aprender dessa maneira.

Dr. Hesley L. L. Miranda

O diário da felicidade

Só você tem o poder de se fazer feliz, não se esqueça disso. Parabéns por ter iniciado esse processo tão gratificante!

RECOMECE QUANTAS VEZES QUISER. ISSO VALE PARA LIVROS, RELACIONAMENTOS, SONHOS E, PRINCIPALMENTE, PARA A VIDA.

Parte 2:
Sobre a vida e a morte

O encontro

*B*runo e Paulo se encontraram na enfermaria do Hospital Geral no dia 31 de dezembro. O lugar era semelhante a qualquer enfermaria de hospital público, havia quatro camas de hospital, também chamadas de leitos, duas do lado esquerdo e duas do lado direito; poucos objetos e uma janela de vidro. Bruno havia sido levado ao local primeiro, estava sozinho e sedado pelas medicações que lhe administraram na emergência. Poucas horas depois, o leito vizinho foi ocupado por Paulo. Não se comunicaram um com o outro, tanto por conta de estarem visivelmente cansados, quanto devido à indiferença demonstrada pelo primeiro, assim que observou a chegada do segundo. Como era do costume de ambos, eles fizeram suposições em seus pensamentos, a respeito da possível patologia que teria levado o vizinho de leito a se internar na noite de réveillon.

Bruno viu que Paulo tinha um corpo bastante emagrecido e pálido, deveria ter por volta de 30 anos de idade e, com certeza, não deveria ter dinheiro, caso contrário não estaria em um hospital público, dividindo uma enfermaria pequena com ele e mais duas pessoas. Imaginou que ele estaria se recuperando de alguma infecção grave, "quem sabe, uma pneumonia", pensou ele. Observou que, apesar de bastante debilitado, aquele jovem preservou um olhar bastante curioso e amigável, principalmente quando se dirigia à acompanhante de cabelos grisalhos que estava visivelmente preocupada. "Ela deve ser sua mãe", pensou Bruno, "só uma mãe teria esse zelo e esse olhar amoroso".

O diário da felicidade

Ao mesmo tempo, Paulo fazia o mesmo jogo de adivinhação mental em relação a Bruno. Observou que ele estava sozinho, sem acompanhante no local, e tinha uma aparência bastante descuidada, cicatrizes nos braços, olhos fundos, sem vida, e deveria ter pouco mais que 40 anos de idade. "Morador de rua dependente de alguma substância", pensou Paulo, achando-se bastante perspicaz por ter chegado àquela hipótese tão rapidamente. "Ele deve ter abandonado a sua família e passou a usar drogas nas ruas, apresentou uma overdose e veio parar aqui sozinho".

Percebendo o olhar curioso do colega, Bruno fez o que sempre fazia, quando não estava interessado em interagir. Virou-se, no leito, de costas para o novo vizinho e sua acompanhante e cobriu seu rosto com o lençol. Pouco tempo depois, ambos estavam dormindo e não chegaram a ouvir os fogos de artifício indicando a virada do ano.

No dia seguinte, Bruno acordou com a enfermeira lhe desejando um feliz ano novo e lhe trazendo o café da manhã. Ele não respondeu nada, mas o silêncio foi quebrado com a voz fraca de Paulo, desejando-lhe um feliz ano novo de volta para a enfermeira. Bruno notou que seu colega já estava acordado, com o encosto da cama levantado, e estava sendo alimentado, cuidadosamente, pela senhora que o acompanhava. Percebeu, então, que o seu colega não se movimentava do pescoço para baixo. "Pneumonia e tetraplegia, é isso", pensou, ao mesmo tempo que rejeitava sua bandeja de café da manhã e se virava contra a luz que entrava no quarto por meio dos vidros da janela. A enfermeira, que já conhecia ambos de outras internações, falou para Bruno:

— Bruno, este é um novo ano e terá novas oportunidades para ser feliz. Acredite nisso! Foi um milagre você ter sido encontrado a tempo. Tente se alimentar ou terei que pedir para o médico autorizar uma sonda para alimentação.

Ele sabia o incômodo que era ter aquela sonda enfiada do seu nariz até o estômago, mas não mudou de ideia e disse apenas o seguinte:

— Vocês deveriam ter deixado que eu morresse. Eu não tenho mais nada nesta vida.

— Bruno, olha ao seu redor – disse a enfermeira com bastante carinho – Todos aqui estão passando por dificuldades também e, ainda assim, lutam para viver. Eu sei que sua vida foi muito difícil e o quanto você buscou encontrar um sentido para ela, mas não pode desistir! Coma, pelo menos, uma fruta que eu deixo você em paz.

Inflexível, ele fechou os olhos e não respondeu mais nada naquele dia. Vieram os médicos, uma psicóloga e outros enfermeiros, mas Bruno não quis interagir com ninguém. Nem água quis tomar. Fechou-se em seus pensamentos nebulosos, martirizou-se por ser tão fracassado, que nem suicídio ele conseguia executar. "Na próxima vez irei usar uma arma de fogo, em vez daquela maldita corda" pensou. "Como pode alguém chegar naquele lugar, justamente na hora em que eu estava finalmente me livrando deste inferno?"

— Por que você desistiu de viver? – perguntou Paulo, aproveitando o momento em que não havia mais pessoas por perto.

Bruno, surpreso e irritado com a intromissão curiosa do colega de enfermaria, pensou inicialmente em ignorá-lo, mas estava um tanto comovido ao ver um jovem como ele sem movimentos e achou que poderia se sentir pior, caso negasse uma resposta para ele. Falou rispidamente:

— Porque acho a vida uma grande merda!

Paulo então sorriu, chegando quase a gargalhar da resposta. Vendo que o colega não estava entendendo o motivo daquela reação, disse em seguida:

— Estou rindo porque eu devo ter feito uma "vida" agora na minha fralda. Tá sentindo esse cheiro horrível?

Bruno demorou uns segundos para entender o que ele quis dizer com "ter feito uma vida na fralda". Percebeu que Paulo estava usando a comparação sobre a vida para dizer que havia

O diário da felicidade

evacuado ali mesmo. Ficou muito constrangido, tanto pela situação quanto por pensar que seu vizinho não deveria ter o controle de seu próprio corpo, a não ser dos poucos músculos de sua cabeça e pescoço. Disse, prontamente, que não estava sentindo nenhum odor, apesar de estar. Bruno quis dar por encerrada aquela conversa, porém, quanto mais demonstrava sua falta de vontade, mais Paulo se interessava.

— Eu achei que você era um morador de rua com alguma dependência química, quando eu o vi pela primeira vez. Eu tenho essa mania de tentar adivinhar o que trouxe as pessoas para cá. Sou bom nisso, mas tentativa de suicídio nem passou pela minha cabeça. Você me surpreendeu! – disse Paulo, sorrindo novamente.

Nesse momento, Bruno se viu obrigado a deixar mais claro que não estava a fim de conversar e apenas se virou para o outro lado da cama, dando as costas para Paulo. Em seu pensamento, ele se questionava sobre como poderia aquele homem ter senso de humor vivendo daquela maneira, sem nem segurar as próprias fezes. Ficou imaginando como tentaria suicídio, caso fosse tetraplégico. "Talvez ele mesmo possa me dizer isso, pois certamente já deve ter tentado ou, pelo menos, pensado", imaginou. Preferiu permanecer calado para não dar oportunidade de ele prolongar aquela constrangedora conversa.

No dia seguinte, o mesmo cenário se repetiu durante o café da manhã. Dessa vez, Paulo desejou bom dia ao seu vizinho de leito, assim que ele acordou. Sua mãe (a senhora de cabelo grisalho era realmente a mãe dele, como Bruno havia suspeitado, e se chamava Teresa) estava quase que constantemente ao seu lado, alimentando-o, ajudando na higienização, conversando ou fazendo algum carinho em sua cabeça. Bruno fez um esforço para responder algo e logo rejeitou a bandeja de alimentos que a enfermeira havia deixado para ele. Teresa se dirigiu timidamente a Bruno pela primeira vez:

Dr. Hesley L. L. Miranda

— Você quer algum tipo de comida específico, meu filho? Eu posso preparar quando for na minha casa e trazer.

Bruno balançou a cabeça negativamente, mas ficou comovido pelo gesto daquela senhora.

— Tenho certeza de que o Bruno vai gostar dos seus biscoitos, mãe! – disse Paulo, se intrometendo na conversa. – Não existe ninguém no mundo que consiga recusá-los.

Ao longo do dia, Bruno permaneceu em seu negativismo ativo. Não aceitou se alimentar e se recusou a ter qualquer tipo de diálogo com a equipe que o assistia. Várias vezes Bruno era visitado pelo psiquiatra e pela psicóloga, na esperança de que, em algum momento, ele desse abertura para uma intervenção, mas nada parecia surtir efeito. Sem poderem esperar mais, a equipe decidiu fazer o que precisava ser feito para que Bruno recebesse a nutrição necessária. Entraram na enfermaria a equipe de enfermagem e o médico assistente, e aplicaram um sedativo potente que o fez dormir dentro de alguns minutos.

Seis horas depois, Bruno acordou ainda sob efeito do sedativo. Havia uma sonda que ia do seu nariz até o estômago, por onde estavam sendo introduzidos alimento e algumas medicações. O seu primeiro impulso ao recobrar a consciência foi o de arrancar aquela sonda com suas próprias mãos, porém notou que não poderia fazer isso, já que seus braços e pernas estavam imobilizados, amarrados nas grades do seu leito.

Nesse mesmo instante, Bruno escuta a voz jocosa de Paulo:

— Agora seremos nós dois assim, meu amigo! Se quiser alguma dica de como coçar o nariz sem usar as mãos, é só me perguntar!

Emburrado, Bruno fez que não ouviu o comentário, mas não deixou de perceber o quanto era terrível não poder mexer seus braços e suas pernas e o quanto seu colega deveria ter passado por situações difíceis. Quis perguntar o que havia deixado o colega de quarto daquela maneira e como conseguia não estar revoltado com aquela situação. Ele observava as reações

O diário da felicidade

de Paulo, tentando detectar sinais de tristeza, raiva ou revolta, mas só percebia uma serenidade constante e até poderia afirmar que ele estava feliz.

"Ele deve estar fingindo para não demonstrar fraqueza na frente da sua mãe" – essa era a única explicação que Bruno conseguia formular para o comportamento do colega.

A abertura

Algumas horas depois daquele mesmo dia, o médico assistente deixou escapar algo sobre um possível tumor na coluna durante a visita que fez a Paulo. Ele veio trazendo os resultados dos exames de imagem que tinham sido feitos e chamou Teresa para uma conversa em particular. Quando voltaram, ela estava visivelmente abalada e tentando conter o choro que nitidamente correu solto durante o esclarecimento do médico.

Paulo ficou esperando calmamente que a mãe se restabelecesse, chamou-a para o seu lado e lhe disse:

— Mãe, eu já sabia que não seria possível operar o meu tumor. Não precisa ficar abalada. Eu estou bem! Também sei que não me resta muito tempo de vida, mas estou muito feliz por ter chegado até aqui, não se preocupe. Eu queria viver mais, cuidar da senhora quando estivesse velhinha, dar-lhe uma dúzia de netos, retribuir tudo o que você sempre fez por mim, mas não sou eu quem decide isso, né? Eu aceito a minha realidade e agradeço por ter nascido e por tudo o que eu pude aproveitar dessa vida maravilhosa que me foi dada. Quantas pessoas morrem sem ao menos terem vivido, minha mãe? Todos nós vamos morrer um dia, não é? A única diferença é que eu sei com mais clareza como e quando será o meu dia de partir. E isso é bom, pois posso me despedir das pessoas que eu amo.

"Um tumor inoperável e fatal", pensou Bruno ao ouvir aquela comovente conversa que acontecia ao seu lado. Sentiu uma emoção estranha nascendo dentro dele. Ficou envergonhado e sentindo-se um tanto egoísta por estar ali, justamente por ter desistido de sua vida, enquanto seu vizinho, ainda mais jovem do que ele, daria tudo para poder aproveitar um pouco mais, mesmo estando naquela situação. Pensou novamente, mas já com bastante dúvida, se Paulo fingia aquela tranquilidade.

O horário de visitas foi especialmente agitado naquele dia. Havia uma fila de pessoas que queriam ver Paulo e dúzias de flores iam se amontoando no móvel ao lado do seu leito. Todos estavam visivelmente emocionados e era o próprio Paulo quem dava palavras de conforto a cada um deles. Bruno prestava atenção aos depoimentos carregados de amor que as pessoas diziam para o colega e, no íntimo, sentiu uma pontada de inveja de tudo aquilo. Bruno nunca recebeu visita de ninguém em suas internações e, especialmente nesse dia, sentiu falta de ter alguém.

Antes de dormir, naquela noite, pensamentos conflituosos sobre a vida e a morte impediram Bruno de adormecer. Viu Teresa velar o sono do filho e pensou em como seria se sua mãe ainda estivesse viva, e no quanto seria bom abraçá-la mais uma vez. "Se eu pudesse, eu trocaria de lugar com Paulo", desejou ele.

No dia seguinte, foi Bruno quem deu bom dia para Paulo ao acordar, o que deixou todos os que estavam presentes surpresos. Disse para a enfermeira que estava com sede e que queria voltar a se alimentar naturalmente. Ela achou muito cedo para os antidepressivos que ele tomava já estarem surtindo algum efeito, mas, mesmo desconfiada e depois de compartilhar a novidade com o médico assistente, resolveu acatar ao pedido dele.

Paulo pareceu bem feliz ao ver seu colega comendo com as próprias mãos pela primeira vez, mas preferiu não fazer nenhum comentário, como costumava fazer, para não correr o risco de causar uma reação desfavorável. Depois que terminou de comer e aproveitando a ausência de outras pessoas no local, Bruno resolveu iniciar uma conversa com o colega:

O diário da felicidade

— Eu achei que você era um imunodeprimido com pneumonia, quando você chegou.

— O quê? – respondeu Paulo, surpreso com o vizinho.

— O jogo de adivinhação que você fez comigo quando me viu, lembra? Eu fiz o mesmo com você e também errei feio.

— Ah! – Paulo deu uma gargalhada. – Mas você não passou muito longe, porque também estou com pneumonia. Se você disser que é dependente químico e suicida, eu vou considerar que nós empatamos.

Bruno sorriu, como já não fazia há um bom tempo.

— Já tentei ser dependente químico, mas nem as drogas quiseram me dar a sua falsa sensação de felicidade, então deixei para lá.

— Entendo, meu amigo. Acredito que foi uma proteção, então.

— Proteção?

— Sim. Como você disse, a droga poderia lhe dar uma falsa sensação e talvez você perdesse a oportunidade de sentir a verdadeira felicidade, caso tivesse se viciado.

Bruno riu com um pouco de amargura dessa vez, e respondeu:

— Verdadeira sensação de felicidade nem deve existir. Pelo menos, eu não me lembro de ter sentido isso nenhuma vez.

— Como não? – perguntou Paulo, com a curiosidade e atenção de sempre.

— Eu nasci muito pobre, minha mãe tinha depressão, desde quando me entendo por gente, e cometeu suicídio quando eu tinha 14 anos. Eu nunca conheci meu pai e, por isso, tive que ir morar com meus avós. Queriam que eu trabalhasse para ajudá-los nas despesas. Namorei uma garota chamada Isadora e, quando pensei em pedi-la em casamento, ela me trocou por um homem que tinha dinheiro. Resolvi então ganhar muito dinheiro para reconquistá-la, mas comecei a ter crises depressivas iguais às da minha mãe e, nesses períodos, eu deixava de trabalhar e acabava perdendo tudo conquistado com muito esforço. Pouco tempo depois, meus únicos parentes, que eram meus avós, faleceram e eu fiquei sozinho neste mundo de merda. Acho que, se existe alguém no mundo que não teve o prazer de conhecer a felicidade, esse alguém sou eu. Sou um fracasso total, até no quesito de tirar minha própria vida – finalizou, mostrando, para Paulo, a marca que a corda havia deixado em seu pescoço.

— Mas o que sentia quando sua mãe não estava com depressão e conversava com você? Ou quando estava com a sua bela namorada, antes dela se envolver com outro homem? Ou quando tinha dinheiro suficiente para comer a refeição que tanto desejava? Ou quando sentia sede e bebia um copo de água gelado e refrescante?

— Ah, esses momentos foram tão raros e passageiros que nem contam.

— Tudo depende de para onde decide olhar. Desculpe-me se eu estiver parecendo duro consigo, não é minha intenção, mas você acha que perdeu tudo, apenas porque não quis olhar para tudo o que tem. Sei que a depressão tem um componente genético forte e ela pode surgir na vida de qualquer pessoa, seja ela rica, pobre, homem, mulher, jovem, velho, religioso ou ateu. Existem tratamentos eficazes para sua doença hoje em dia, e eu acredito que, se associar, ao seu tratamento, uma nova maneira de ver o mundo, tudo irá mudar na sua vida para melhor.

Observando que Bruno não havia recebido bem sua colocação, acreditando que qualquer outra coisa que falasse poderia ser motivo para voltar a se fechar em seu mundo, Paulo disse em um tom mais ameno:

— Veja, Bruno, às vezes tudo o que eu gostaria era poder ir à praia uma única vez, sem precisar que ninguém me levasse; sentar-me na areia, sentir o vento e o sol no meu corpo. Eu fico triste quando penso que não poderei fazer isso nunca mais. Estaria mentindo se dissesse o contrário, mas consigo, logo em seguida, pensar que só sinto falta disso porque um dia tive. Então eu fico feliz por já ter tido aquela experiência. E por mais que

O diário da felicidade

a vida tenha me tirado esse prazer, penso no quão bom é poder enxergar, enquanto tantos não podem; quão bom é poder sentir o sabor da comida, quão bom é poder beber um copo de água quando estou com sede e, principalmente, como é bom ainda poder dar e sentir o amor. São essas pequenas coisas que fazem toda a diferença para mim.

— Se a vida é tão maravilhosa como diz ser, não seria o caso de você ficar triste porque está quase... – Bruno ficou hesitante em concluir a pergunta.

— Quase morrendo? – interrompeu Paulo, ao perceber o constrangimento que o colega sentiu – Eu não falo da boca para fora quando digo que vou morrer em paz, meu amigo, mas gostaria de viver mais tempo, é claro. Gostaria de recomeçar quantas vezes fossem necessárias. Ainda faço minhas orações para que um milagre aconteça e esse tumor desapareça. Mas não fico amargurado pelo fato de que, provavelmente, irei morrer nos próximos dias, como disse o médico. Acho que me sinto assim justamente por acreditar que a vida não termina aqui, estamos de passagem para aprender o máximo de lições possíveis para nosso crescimento. E eu, honestamente, acho que existe uma força maior que orquestra tudo, inclusive o fato de você não ter tido êxito em acabar com sua vida e de estar aqui ao meu lado hoje.

Bruno tentou não demonstrar o desconforto pelo rumo que a conversa estava tomando e continuou:

— Não me leve a mal, mas eu não tenho muita paciência para esse tipo de discurso religioso. Eu até já quis acreditar nessas coisas que os religiosos falam, mas diante de tanta desgraça, eu me recuso a acreditar que algo ou alguém possa estar orquestrando tudo isso. E se estivesse, não acredito que Ele seria uma pessoa boa como você diz! Eu acho que um Deus bondoso não permitiria que uma mãe tão dedicada como a sua sofresse tudo o que ela vem sofrendo, por exemplo.

Paulo deu outra boa gargalhada.

— Bruno, estou apenas lhe falando sobre a minha verdade. Desculpe-me se pareceu um sermão religioso. Não quero convencer você de coisa alguma, só respondi sua pergunta. Aliás, acho até mais saudável que encontre a sua própria verdade, meu amigo, tudo tem um tempo certo de acontecer – disse em um tom amigável e divertido, como sempre fazia.

Nesse momento, sua mãe voltou ao quarto e ficou curiosa para saber o motivo dos risos que tinha acabado de ouvir.

— Mãe, você sabe que para sentir alegria não é preciso motivo, né? – falou Paulo, piscando o olho para Bruno, indicando que não iria revelar a conversa que tinham acabado de ter. – Mas me diz uma coisa, mãezinha, acha que Deus é cruel, ao fazer você passar por isso que está passando agora?

— Claro que não, Paulo. Eu sei que nós não compreendemos as razões, mas tenho certeza de que tudo o que acontece na vida é para o nosso bem!

Paulo continuou insistindo e logo sua mãe percebeu que havia outra razão para ele perguntar aquelas coisas, que certamente já sabia. Então ela aumentou um pouco o tom de voz e continuou a responder olhando, de vez em quando, para Bruno:

— Eu e seu pai desejávamos muito ter um filho e Deus nos deu um filho maravilhoso. Como poderia achar que ele é cruel por estar levando de volta alguém tão especial que Ele me deu a honra de ser mãe? Será que eu devo esquecer todos esses anos tão felizes apenas porque minha vontade era de tê-lo por mais tempo? Viver não seria viver se a gente só tivesse aquilo que gostaria de ter, não é mesmo? Qual seria o sentido? Será que, para sabermos o que é dia, não é necessário antes conhecer a noite? Será que, para sabermos o que é frio, não precisamos já ter sentido o calor? Para termos dias ruins, precisamos saber o que é um dia bom e vice-versa. Tudo isso faz parte da vida, meu amado, tudo passa e, mesmo que meu desejo seja de você

O diário da felicidade

milagrosamente curado, minha vontade já foi atendida há vinte e cinco anos, quando você nasceu e, por isso, eu já tenho motivos suficientes para agradecer.

Bruno ouviu tudo aquilo discretamente, como se não estivesse prestando atenção ao diálogo e com um misto de sentimentos dentro de si. Ele sentia admiração pela resiliência da mãe do amigo, mas achava que a conversa era apenas uma ilusão criada para amenizar o sofrimento. De qualquer forma, ele queria sentir um pouco dessa "ilusão" também. "Quem sabe se essa angústia insuportável diminuiria, se eu achasse que todo o meu sofrimento tem um significado maior e que aconteceu para o meu bem?" pensou ele. "Mas eu não sou tolo para acreditar nessas besteiras, infelizmente".

A transformação

Esses pensamentos foram interrompidos pelo grito de socorro da mãe de Paulo. Bruno viu que seu colega estava babando, com os olhos virados como se estivesse convulsionando e, imediatamente, levantou-se da cama, pediu para a mãe de Paulo virar a cabeça dele de lado para não se engasgar, caso vomitasse; pediu para ela proteger a língua dele com um lençol, enquanto iria chamar os médicos. Segundos depois, Bruno voltou acompanhado do médico e enfermeiros, que avaliaram o acontecido e aplicaram uma medicação, ao constatarem a crise convulsiva de Paulo. Momentos depois, transferiram-no para a unidade de terapia intensiva a fim de lhe oferecer maior suporte. Dona Teresa sabia que não poderia ficar ao lado dele na UTI e se apavorou ao imaginar que ele poderia morrer sozinho naquele lugar.

Observando a apreensão da mãe de seu novo amigo, Bruno a abraçou e propôs que ambos fizessem uma oração para que Paulo voltasse logo para o lado deles. Aquela cena de Bruno ajoelhado ao lado de dona Teresa, fazendo uma oração para um Deus que há pouco tempo rejeitava a existência, parecia inusitada demais

Dr. Hesley L. L. Miranda

até para ele mesmo. Ele estava se importando, intensamente, com alguém que mal conhecia e esse sentimento consternou a todos que presenciaram e conheciam a história dele. Após terminarem a oração, já mais tranquilos, Bruno ouviu, pacientemente, a história do amigo, contada por sua mãe.

— Paulo sempre foi feliz e muito inquieto. Desde quando aprendeu a andar, não tive mais sossego na minha vida – disse, sorrindo, ao se lembrar da infância do filho – Ele fazia amizades muito facilmente e tinha o dom de atrair as pessoas. Sempre muito leve, despreocupado e determinado, não era bom aluno na escola e justificava que era muito mais interessante aprender com a vida. Nunca parava em casa e nunca concluía uma atividade. Começou a aprender violão e desistiu, antes de aprender a tocar a primeira música; foi assim com o curso de línguas, de fotografia e vários outros que me convenceu a pagar para ele. Até que descobriu o surfe. Acho que o mar foi a única coisa que conseguiu acalmá-lo.

Dona Teresa tinha luz em seus olhos enquanto falava do filho. Bruno ficou feliz, ao vê-la com tanto entusiasmo.

A mãe de Paulo falou que quando percebeu a ligação do filho com o mar, ela e o esposo se mudaram para uma casa simples, próxima da praia, para que ele pudesse realizar o que mais gostava.

— Um dia, eu estava preparando o almoço em casa quando do senti que algo de ruim estava acontecendo com ele – disse, voltando a apresentar uma fisionomia mais tensa. – No mesmo instante, larguei tudo e fui correndo para a praia. Ao chegar lá, vi um aglomerado de pessoas ao redor de alguém que parecia desacordado. Ele, um nadador nato, havia se afogado e estava sendo resgatado por pessoas que, Deus sabe como, perceberam o que havia acontecido. Após os primeiros socorros, os minutos mais longos de minha vida, Paulo voltou a si. Não lembro de já ter sentido um alívio tão intenso! Aquele afogamento foi o primeiro sinal de que havia algo errado com ele.

O diário da felicidade

— Descobriram o que aconteceu com ele para ter se afogado? – perguntou Bruno, interessado, tanto na resposta, quanto no fato de estar conseguindo distrair um pouco dona Teresa do seu sofrimento atual.

— Ele disse que perdeu temporariamente o controle dos movimentos enquanto nadava. Quando fomos investigar a causa daquilo, descobrimos o tumor em sua coluna. A partir daí, iniciamos uma peregrinação sem fim para tratá-lo, mas o câncer não regrediu e começou a afetar mais intensamente seus movimentos, até que, há três anos, ele os perdeu completamente.

— Deve ter sido difícil para ele enfrentar essa situação, ainda tão jovem – disse Bruno, interrompendo, por um instante, o relato.

— Com certeza foi muito duro para todos nós, mas tenho que lhe dizer, Bruno, que durante todo esse tempo, não vi meu filho se lamentar em nenhuma ocasião. Eu, muitas vezes, quis que ele chorasse, se revoltasse, demonstrasse algum sentimento ruim que fosse, para que, assim, eu me sentisse menos imatura por estar sentindo aquelas coisas. Imagina, Bruno, uma pessoa tão ativa como ele, que não conseguia ficar sentado em uma cadeira nem para assistir a um filme que gostasse muito, tornar-se tetraplégico? Achei que aquilo acabaria com ele, mas não aconteceu. Ele permaneceu em paz durante todo o processo de tratamento, mesmo quando recebíamos notícias desfavoráveis. Aos poucos, fui aprendendo a perceber a vida da maneira que ele passou a enxergar. Fui aprendendo a viver e valorizar o momento, a não deixar para depois o amor que podia oferecer hoje; várias coisas, que antes eu valorizava e me apegava, perderam totalmente o sentido.

— Que coisas são essas, Teresa? Pode me dizer?

— Aquelas ilusões que nós aprendemos desde cedo, que devem ser nossas metas para alcançarmos a tão sonhada felicidade: sucesso, dinheiro, beleza, prestígio, poder... Paulo sabia que o mais importante era viver, experimentar as coisas simples da vida. Eu tinha aprendido errado, mas tive a sorte de perceber

Dr. Hesley L. L. Miranda

isso, antes que fosse tarde. Quando soube que meu filho poderia morrer, percebi que a felicidade é o resultado de quando não mais deixamos que a inconstância natural da vida nos afete, quando deixamos cair cada camada de ilusão que nosso pensamento criou. Eu me esqueci do medo que tinha do julgamento dos outros, do medo do fracasso e de tantos outros que costumavam perturbar-me diariamente. Também aprendi o valor de ser gentil com todos, pois nós nunca sabemos verdadeiramente a batalha que aquela pessoa está travando...

— Agora eu começo a entender quando vocês falam sobre a função que o sofrimento tem em nossas vidas.

— Acredito que sou alguém muito melhor e, até posso dizer, sou feliz por tudo de bom e de ruim na vida. Ainda sofro bastaste, porque sou humana, mas sinto esse sofrimento como se eu fosse um oceano profundo e ele fosse as ondas que agitam apenas a superfície. No meu íntimo, sinto que existe uma paz que permanece ilesa às adversidades. Paulo, aparentemente, já nasceu com essa sabedoria – disse Teresa, voltando a sorrir. – Mas eu suspeito que algo aconteceu com ele, no dia em que se afogou, para torná-lo ainda mais coerente em suas posturas diante da vida. Ele nunca me falou, mas eu sei que algo impressionante aconteceu com meu filho naquele dia...

Nesse momento, o médico que atendeu Paulo voltou à enfermaria para dizer que ele estava vivo e estável. Havia tido uma crise convulsiva e, por isso, seria melhor que ele ficasse aquela noite na UTI, para garantir um suporte maior, caso fosse necessário, mas que, se tudo ocorresse bem, no dia seguinte, voltaria para a enfermaria. Orientou que dona Teresa aproveitasse, que não iria poder fazer-lhe companhia, e fosse para casa tentar descansar.

Bruno sentiu falta do amigo e da sua forte mãe naquela noite. Chorou por bastante tempo, sem saber o real motivo daquele rompante sentimental. Não entendia o que estava acontecendo, mas sentia que algo estava mudando dentro dele. Quis acreditar

O diário da felicidade

que era o antidepressivo que começara a fazer efeito e lhe vinha reavivando os sentimentos. Mas não quis criar expectativas sobre sua possível melhora, pois ainda acreditava que bastaria voltar ao mundo, fora do hospital, para que a melancolia tomasse as rédeas de sua vida novamente. Antes de dormir, desejou que Paulo e Teresa ficassem bem onde estivessem.

No dia seguinte, ao acordar, Bruno viu que seu amigo já estava no leito vizinho novamente. Eles se olharam e sorriram um para o outro. Teresa já estava lá também.

— Que susto eu dei em vocês, hein? – disse Paulo, em um tom divertido, como era de seu costume falar. – Aliás, muito obrigado pela ajuda, Bruno! Minha mãe me falou no quanto você foi importante para ela e para mim.

— Amanhã eu receberei alta e não queria conviver com um estranho do meu lado no meu último dia aqui! Foi só por isso que o ajudei – respondeu Bruno, tentando dar uma resposta que fosse divertida também.

Ambos riram.

— Minha mãe trouxe seus famosos biscoitos para você! Sinta-se importante, viu? Porque ela só faz isso para quem acha que merece! Esperamos que goste.

Bruno tentou conter a emoção ao receber aquele pacotinho das mãos de Teresa, mas ficou claro em seu rosto ruborizado que ele não estava habituado àquele tipo de gesto de carinho. Na verdade, Bruno não se lembrava da última vez que ganhou qualquer presente de alguém. Comeu cada um dos biscoitos como se fosse o melhor alimento que já tinha experimentado na vida.

Nesse dia, Bruno, Teresa e Paulo conversaram como se fossem velhos conhecidos. Paulo ainda estava fraco devido às medicações que havia tomado e precisava descansar diversas vezes entre as conversas, mas em nenhum momento perdeu o interesse no que Bruno falava. Ele estava feliz ao ver que o amigo depressivo ganhava vida novamente e conversava mais que ele, inclusive.

A negociação

Na madrugada do mesmo dia, Bruno despertou ainda um pouco atordoado do sono e talvez das medicações. Percebeu uma presença estranha entrando na enfermaria. Ela era uma mulher muito bonita e serena, estava vestida com uma espécie de manto branco que parecia ter luz própria. Percebeu que ela caminhava em direção ao seu leito. Todos estavam dormindo. "Será que também estou dormindo ou perdi o pouco de juízo que me restava?" pensou ele.

Quando a linda mulher se posicionou entre os dois leitos, ele tomou coragem para se dirigir a ela:

— Oi! Quem é você?

— Oi, Bruno! Você já me viu algumas vezes antes. Não se lembra de mim?

Ele ficou ainda mais confuso! Não se lembrava de ter visto uma criatura tão bela em sua vida. Se tivesse visto, com certeza não esqueceria. "E ela sabe o meu nome?", pensou, certo de estar realmente ficando louco. "Por que a voz dela parecia-lhe familiar?"

— Perdoe-me, mas tenho certeza de nunca ter visto você antes.

Ela sorriu e explicou de modo que ele pudesse compreender:

— Você já me buscou diversas vezes, mas não havia chegado a hora de levá-lo comigo. Lembra-se daquele dia em que tomou todas as suas medicações e nós ficamos conversando até você dormir?

Bruno sentiu uma onda de calor percorrer o seu corpo naquele momento.

— Então aconteceu realmente?! Achei que tinha tido uma alucinação, por conta da medicação. Eu lembro! Você me falou que era a... – não conseguiu concluir.

— A morte. Eu sou a morte, Bruno. Você me disse, naquela ocasião, que esperava que fosse assustadora, vestisse um capuz e andasse com uma foice como nos desenhos, lembra?

O diário da felicidade

— Eu devo estar alucinando de novo – falou Bruno, tentando acalmar um turbilhão de pensamentos em sua cabeça. – Mas, se não for isso, você veio para me levar finalmente?

— Não, Bruno, ainda não chegou a sua hora.

— Então você veio...

— Levar o Paulo.

— Não. Não faça isso! – a onda de calor agora estava mais intensa – Por favor, deixe o Paulo e me leve no lugar dele! Olhe para a mãe dele – disse, apontando para Teresa, que dormia pacificamente em uma poltrona ao lado do filho. – Ela não merece perder o filho! Eu não tenho ninguém, não farei falta neste mundo! Por favor, leve-me no lugar dele!

— Estou vendo que Paulo conseguiu transformar mais um – disse ela, sorrindo. – Ele sempre foi assim, por isso não o levei no dia em que se afogou. Ele quis ficar para poder ajudar mais pessoas, mesmo eu dizendo que ele iria sofrer bastante, caso quisesse realmente ficar. Adiei por vários anos, mas agora não posso adiar mais.

Bruno então compreendeu o sacrifício do amigo e que a suspeita de Teresa sobre algo que havia acontecido naquele dia fazia sentido. Desejou que Paulo encontrasse a paz que merecia e estava prestes a desistir de argumentar com a morte, mas antes de encerrar a conversa, ele teve uma ideia:

— Deixe-me trocar de lugar com ele apenas por um dia? Não é pedir muito isso! Deixe-o realizar o desejo de caminhar, de ir uma última vez à praia com seus próprios pés, mergulhar no mar que ele tanto amou? Faça isso e eu prometo que não irei mais tentar causar minha própria morte!

O último dia

O dia amanheceu e Bruno acordou. Tentou se espreguiçar, mas seus braços estavam imóveis. O primeiro pensamento foi de que havia sido imobilizado outra vez, mas logo em seguida lembrou-se do

Dr. Hesley L. L. Miranda

que havia acontecido durante a madrugada e que, aparentemente, não tinha sido apenas um sonho.

Olhou medrosamente para o seu lado direito e viu o seu corpo no leito vizinho, ainda dormindo. Nesse instante, ouviu a voz de Teresa, do seu lado esquerdo:

— Bom dia, meu filho! – disse, dando-lhe um beijo na testa e passando a mão em seus cabelos. – Dormiu bem?

Bruno não sabia o que responder. Não acreditava no que estava acontecendo. Ninguém em sã consciência iria acreditar naquela história. A solução seria averiguar se seu amigo estava ou não no seu corpo.

— Paulo! Acorda! – falou ele, em voz alta, tentando acordar o seu corpo que dormia no leito do lado.

Teresa, sem entender o motivo de seu filho estar chamando o amigo de Paulo, falou para ele preocupada:

— Filho, o nome de seu amigo é Bruno. Você esqueceu? Está tudo bem? Você está parecendo assustado.

— Paulo! Paulo! Acorda!

Paulo então acordou. Viu primeiro a sua mãe, desejou-lhe bom dia e, em um impulso desajeitado, caiu do seu leito direto no chão. A enfermeira que estava perto veio ajudá-lo a se levantar. Ele então viu seu corpo no leito do lado, olhando para ele. Gritou espantado e quase caiu no chão novamente. Olhou para os braços do corpo em que estava e reconheceu as cicatrizes que havia nele. Pegou em seu pescoço e sentiu o ferimento da corda. Aos poucos foi entendendo que estava no corpo do amigo Bruno.

— Calma, Paulo, eu vou lhe explicar tudo! – falou Bruno, incerto se realmente iria conseguir explicar.

— Meu filho, ele se chama Bruno – disse dona Teresa mais uma vez.

— Essa confusão toda é só porque você vai receber alta hoje, Bruno? Está querendo ficar mais dias aqui, é isso? – perguntou a enfermeira, rindo da situação.

O diário da felicidade

Bruno então pediu para a enfermeira dar licença um instante e também pediu o mesmo para dona Teresa, justificando que queria se despedir a sós do amigo.

Estando apenas eles dois, ambos confusos e assustados, Bruno, que estava começando a se incomodar com o fato de não conseguir se movimentar, e tendo que se esforçar para respirar, começou a explicação. Relatou tudo o que havia acontecido na madrugada com o máximo de detalhes que conseguia se lembrar.

Inicialmente, incrédulo, Paulo somente acreditou na história porque ninguém, além dele, sabia que, no dia do afogamento, ele havia tido aquela conversa com a morte. Bruno a descreveu da mesma maneira como Paulo se lembrava.

— Então hoje é meu último dia?

— Sim, meu amigo. Eu pedi isso para que você pudesse realizar a sua maior vontade antes de ir embora deste mundo!

— Nossa! Como é bom sentir meu corpo novamente... Será que posso chamar de meu corpo? Acho que não, né? – disse Paulo, rindo enquanto apalpava seus braços e suas pernas. Depois ficou pensativo... – E minha mãe? Será que ela deve saber disso? Será que ela irá entender?

— Eu acredito que sua mãe entende mais dessas coisas malucas do que nós. Acho melhor contar a ela.

Então Paulo foi chamar a sua mãe para ter uma conversa, encontrando-a do lado de fora do quarto:

— Mãe, preciso ter uma conversa aqui dentro.

Ela olhou para ele, sem entender por que ele a chamara de mãe, mas achou engraçado aquilo. A enfermeira, que estava ao lado dela, falou que Bruno devia estar gostando mesmo de ficar internado.

— Ele está fingindo que enlouqueceu para ficar mais uns dias com a gente, dona Teresa! – disse rindo.

Ele riu constrangido, pelo vacilo de tê-la chamado de mãe, e se corrigiu:

Dr. Hesley L. L. Miranda

— Dona Teresa, venha! Seu filho e eu queremos falar com a senhora.

Ela obedeceu e, ao ouvir toda a história, ficou bastante emocionada. Ela olhou nos olhos de quem deveria ser seu filho e viu que realmente não era ele que estava ali. Já sem conseguir conter as lágrimas, abraçou calorosamente o seu verdadeiro filho, que estava no corpo emprestado de Bruno, e teve certeza de que era ele.

— Vá aproveitar seu dia, meu filho! O que você está esperando? – disse, olhando carinhosamente nos seus olhos.

— Mas mãe...

— Filho, nós já estivemos juntos todos esses dias. Eu sabia que a qualquer momento seria nossa despedida. Mas nem nos meus melhores sonhos imaginaria que estaria tão feliz ao me despedir de você. Seu amigo fez o que eu gostaria de poder fazer! Não se preocupe comigo, eu ficarei aqui com o Bruno.

— Não precisa, dona Teresa! – Bruno tentou argumentar.

— Bruno, meu querido, o mínimo que eu posso fazer em agradecimento a esse milagre de ver meu filho andando outra vez é ficar aqui cuidando de você, como uma mãe faria. Sei que esse é o último dia dele, mas se não fosse por você, ele teria ido e eu estaria dormindo... Agora eu pude vê-lo, abraçá-lo e dizer o quanto eu o amo... – e, voltando-se novamente para o filho, disse: – Vá em paz, meu filho, e seja muito feliz!

Paulo então saiu para se despedir da vida na Terra. Ele abraçou cada pessoa da equipe de enfermeiros e agradeceu todo o cuidado a ele prestado. Apenas o psiquiatra ficou um tanto preocupado ao ver aquela cena. Achou que Bruno poderia ser na verdade um paciente portador de transtorno bipolar, pois raramente alguém passaria de um episódio depressivo grave para uma euforia como aquela. Paulo estava realmente entusiasmado.

Ele deixou o hospital e parou um pouco para respirar. Pensou em como era bom poder respirar bem, em como aquela simples função era digna de tão grandiosa capacidade de nos

O diário da felicidade

conectar a algo maior. Sentiu a brisa na sua pele e os raios solares em seu rosto. Agradeceu mais uma vez e saiu andando pela cidade em direção à orla marítima. No percurso, foi admirando cada detalhe da vida, cada pessoa com quem cruzava pelo caminho, até o barulho dos carros, as estradas e os grandes edifícios de concreto foram dignos de sua apreciação.

Dançava e cantarolava enquanto percorria as ruas, sem medo dos julgamentos, sem medo da maldade, sem medo da incerteza... "Viver é isso!", pensou ele. "Por que tanta gente vive complicando uma coisa tão simples? Por que tantos perdem o hoje pensando no amanhã? Por que precisam morrer para entender a beleza da vida? Por que se apegam a bens que, na verdade, nunca foram e nunca serão seus? Por que vivem à procura da felicidade nos lugares e nas coisas, em vez de sentir a felicidade que já habita dentro delas?"

Teve fome e lembrou que não tinha levado nenhum dinheiro. No mesmo instante, uma mulher bastante elegante, que o estava observando se aproximar, sorriu-lhe como se o conhecesse.

— Bruno! – disse ela, quando o abraçou – pensei que eu nunca mais fosse ver você na vida! Que bom encontrá-lo depois de todos esses anos. O que você acha de lancharmos juntos para colocar o papo em dia?

Aquela mulher era Isadora, a primeira e única namorada que Bruno teve.

— Desculpe, mas apesar de eu parecer muito o Bruno, eu me chamo Paulo e não tenho dinheiro para lanchar.

Isadora riu do que achou ser uma piada.

— Tá certo, Paulo. Vamos lanchar comigo por minha conta, então?

Ao sentarem-se, ele pensou em contar a história toda, mas sabia que ela não iria acreditar, então apenas a ouviu enquanto comiam.

Dr. Hesley L. L. Miranda

Ela falou que havia se casado com um homem rico, conforme Bruno já havia mencionado. Teve dois filhos e que estava muito feliz. Disse que se preocupava com Bruno, desde quando haviam se separado, e sempre quis saber se ele estava bem. Ela falou durante todo o lanche, o que Paulo achou bastante favorável naquela situação.

Paulo então falou que estava muito feliz ao saber que ela estava realizada, para não parecer indiferente ao relato eloquente de Isadora.

— Você me perdoou então? – indagou Isadora, com receio do que iria ouvir.

— Tenho certeza de que o Bruno que você conheceu não guarda mais nenhum rancor. Pode ficar em paz com isso!

Isadora ficou bastante aliviada. Parecia que ela carregava aquele peso por bastante tempo.

— Para onde você está indo agora?

— Estou indo à praia.

Paulo sabia que chegaria à praia após atravessar mais alguns quarteirões e estava ansioso por aquilo.

— Posso deixar você lá?

— Será um prazer.

No caminho até a orla, eles conversaram alegremente sobre assuntos diversos. Paulo sorriu entusiasmado ao ver o mar, como se o estivesse vendo pela primeira vez, e Isadora admirou aquele sorriso. Pensou consigo: "Ele realmente não é o mesmo Bruno que eu conheci". E ficou feliz ao ver que ele estava tão bem, tão radiante. Ao descer do carro, Paulo agradeceu a carona e, como uma criança ansiosa, foi logo tirando seus sapatos e sua camisa e correu em direção ao mar.

Ficou ali por horas e nem percebeu o tempo passar. Estava achando tudo perfeito, melhor do que conseguia se lembrar. Em seus pensamentos, passou o filme de toda a sua vida, lembrou do amor que tinha recebido de seus pais e amigos, dos momentos preciosos que compartilhou ao lado deles, chorou de felicidade

O diário da felicidade

por ter sido tão abençoado. Ao voltar à areia, sentiu sede e desejou uma água de coco. Viu, ao longe, um vendedor carregando um carrinho e foi em sua direção.

— Oi, estou com sede e gostaria muito de um dos seus cocos, mas não tenho dinheiro.

— Eu lhe darei um se me ajudar a levar este carrinho até aquela barraca. Estou cansado, meus pés estão machucados e as rodas deste carrinho velho não estão muito boas.

— Fico feliz em ajudar.

No caminho, Paulo conseguiu cativar o vendedor com seu jeito amigável e, ao chegarem ao local, recebeu o coco que tanto desejava. Bebeu com tanto prazer e rapidez que o vendedor quis dar-lhe mais um.

— O primeiro foi um pagamento, este segundo é um presente – disse, sorrindo. – Mas tente beber com mais calma dessa vez.

— Aceito, caso você também aceite este presente – falou Paulo, entregando o seu par de sapatos para ele – eles estão um pouco velhos, mas é de coração.

O vendedor agradeceu o presente, calçou os sapatos imediatamente.

— Meus pés nunca calçaram sapatos tão confortáveis!

Ambos riram e se despediram com um abraço.

O sol já estava beirando o horizonte e Paulo foi sentar-se na areia para admirar seu último pôr do sol. Ele sempre achou aquele momento mágico e, naquele dia, foi ainda mais.

Sentado sozinho, observou o sol desaparecendo aos poucos atrás do oceano, e a dança colorida que seus raios faziam no céu e nas nuvens. O silêncio profundo era quebrado apenas pelo som das ondas do mar. Paulo sentiu, mais uma vez, uma conexão com algo maior que todo o universo.

Aquilo o encheu de paz, alegria e gratidão.

Inspirado por todo o êxtase que acabara de sentir e sabendo que só lhe restavam poucas horas, Paulo teve a ideia de escrever

Dr. Hesley L. L. Miranda

uma carta de despedida para todos aqueles que ele amava. Voltou à barraca mais próxima, onde conseguiu papel e caneta. As palavras foram correndo soltas e estava tão concentrado naquilo que não percebeu que alguém havia se aproximado dele.

— Oi. Posso falar com você um pouco?

— Claro. Como você se chama?

— Chamo-me Paula. E você?

— Chamo-me Paulo.

Ambos riram da coincidência em relação ao nome.

— Eu estava em minha casa, fazendo o que sempre fazia, mas senti um desejo intenso de ver o pôr do sol aqui. Então, eu simplesmente segui minha intuição e vi você de longe apreciando o mesmo que eu. Tive a sensação de que precisava conhecê-lo melhor. Desculpe se pareço uma louca lhe falando essas coisas.

— É raro encontrar alguém hoje em dia que ainda acredita na intuição. Não acho você louca. Eu faria o mesmo no seu lugar.

Eles então conversaram sobre tudo. A ligação, a confiança e a troca entre eles pareciam a de um casal que já se conhecia a vida toda. Paulo revelou que aquele era seu último dia de vida. Paula não quis saber os detalhes, simplesmente acreditou e disse:

— Fico imensamente feliz em ter encontrado você hoje. Quer passar o seu último dia comigo?

— Sim! – respondeu ele, sem titubear.

Então eles foram até a casa de Paula e lá Paulo conheceu algo que ainda não tinha conhecido...

Bruno, aprisionado no corpo do amigo, vivenciou também um dia inesquecível. Ele e Teresa pareciam filho e mãe de verdade. Ela o tratou com o mesmo amor que vinha tratando Paulo. Deu sua alimentação sempre acompanhada de carinho e palavras doces. Ouviu cada detalhe da história sofrida dele e lhe deu uma nova visão sobre todos os acontecimentos, sempre exemplificando com situações de sua própria vida. Ela o aconselhou a deixar o passado para trás.

O diário da felicidade

— Filho, está na hora de você soltar essas pedras pesadas que carrega nas costas! Ninguém muda o que já passou, mas sempre podemos começar hoje uma nova história. Lembra quando lhe falei das coisas que aprendi a desapegar? Pois a sua história de sofrimento é algo que você precisa desapegar agora.

— Mas quem eu seria sem a minha história? Sem o que eu vivi?

— Sua história não é quem você é. Tudo o que me contou são lembranças que seu cérebro guardou, que faz você acreditar, diariamente, que você é esse sofrimento. Quando você diz MINHA história, você percebe o apego que você desenvolveu para com ela?

Bruno ficou impressionado ao perceber que Teresa tinha razão. Ele estava, de certa forma, preso à sua história de sofrimento. Achava que era natural ter esse tipo de comportamento. E só agora teve consciência do erro que vinha cometendo. De repente, ele sentiu uma mudança importante acontecer consigo mesmo: sentiu paz.

— Agora você está mais próximo de compreender quem realmente é. Essa sensação maravilhosa que você está sentindo agora vem desse lugar – disse-lhe, ao perceber a mudança na sua fisionomia.

Após o almoço, Bruno e dona Teresa cochilaram um pouco, até que ele foi despertado com uma mosca pousando na ponta do seu nariz. Ele ficou muito incomodado com aquilo, queria muito poder afastá-la com as mãos e, quanto mais movimentava o rosto, mais ela voltava a pousar no mesmo local.

O incômodo, que inicialmente parecia pequeno, foi crescendo de proporção até chegar a um quase desespero, quando Bruno então percebeu que não havia necessidade nenhuma de se incomodar. Ele passou a observar aquela mosca, que parecia estar querendo provocá-lo, e riu. Nunca tinha observado uma mosca com tanto detalhe e por tanto tempo. Achou-a uma criatura fascinante, seus olhos, suas asas, sua teimosia, tudo parecia harmônico. Sentiu novamente a paz, que por um momento tinha desaparecido, e riu novamente um riso cheio de satisfação. Estava começando a entender o porquê de Paulo

108

Dr. Hesley L. L. Miranda

ser feliz e sereno, mesmo em situações adversas. Paulo, simplesmente, não lutava contra o que ele não podia mudar.

Ao anoitecer, Bruno sentiu que estava ficando difícil respirar, sua cabeça começou a doer intensamente e, por um instante, teve medo de morrer. Percebeu que queria, finalmente, viver. Começou a ter calafrios e sentiu que o corpo que habitara naquele dia estava entrando em colapso. Teve tempo de chamar por Teresa e agradecer por ela ter lhe mostrado o amor de mãe, antes de perder totalmente a consciência.

A carta

No dia seguinte, Bruno entrou na igreja ao lado de Paula e avistou dona Teresa ao lado do caixão do filho. Ele foi até ela e chorou como uma criança ao abraçá-la. A igreja estava lotada, muitas pessoas quiseram se despedir daquele jovem bom e gentil que tinha o dom de inspirar a todos. Mesmo assim, Bruno não teve receio de subir no altar, pegar o microfone e falar para eles:

— Oi, eu me chamo Bruno e sou uma das pessoas que teve o prazer de conhecer Paulo. Eu tinha desistido de viver, estava me recuperando de uma tentativa de suicídio, quando Paulo entrou na enfermaria onde eu estava, com seus olhos cheios de vida e com uma energia que era impossível não sentir ao lado dele. Aos poucos, ele quebrou a armadura que eu usava para me defender e que também era a causa da minha desconexão com as coisas maravilhosas da vida. Ele tinha essa capacidade de penetrar na nossa alma e mostrar o que existe de melhor dentro da gente – tentou controlar a emoção por um instante e continuou. – No último dia da vida de Paulo, não me perguntem como, ele escreveu uma carta que eu gostaria de ler agora, se dona Teresa me permitir.

Visivelmente emocionada, ela fez que sim com a cabeça e Bruno leu:

O diário da felicidade

Aos meus amigos,

Hoje eu respirei, enchi meus pulmões de ar e percebi que nada mais é necessário. Vivi como se fosse meu último dia e vi a beleza que habita em tudo. Sorri com as crianças, dancei com o vento, perdoei, me emocionei com a beleza da natureza, amei absolutamente tudo. Eu, diferente da maioria de vocês, sabia que era o meu último dia de vida, mas eu não queria que vocês precisassem saber quanto tempo resta a cada um, para que vocês possam sentir o que eu senti. A vida é o maior presente que poderíamos receber, mas o que estamos fazendo com ela? Nós estamos esquecendo de aproveitar coisas simples, de viver plenamente o hoje, de amar sem medidas. Quando sabemos que o tempo acabou, não nos importamos com o supérfluo, esquecemos nossas mágoas, não nos importamos com status, diplomas, poder, fama, dinheiro, vaidade. Nada disso faz mais sentido. Nada disso levaremos conosco. Mas por que desperdiçamos tanto do nosso tempo valorizando coisas que nunca foram e nunca serão nossas de verdade? É tudo uma ilusão passageira, que nos afasta do que é essencial.

Eu aprendi que nada é mais importante do que o amor que damos e recebemos. Isso, sim, dá sentido à vida. Esse amor será carregado conosco para onde formos. O amor transforma, o amor cura, o amor liberta.

Este é um convite amoroso que faço a vocês, meus amigos: vivam! Confiem na vida que lhes foi dada! Ela não é uma inimiga. Parem de ter medo dela! Ao invés disso, gozem da maravilha que é acordar todo dia com uma infinita gama de possibilidades para fazer de cada dia um dia mágico. Mudem o olhar e a maneira de receber o que lhes é ofertado, e o seu mundo mudará completamente. Aprendam com os erros, mas não os carreguem nas costas, eles são pesos desnecessários. Usufruam do que tiverem que usufruir, mas lembrem de não serem escravizados por essas coisas, deixem ir quando tiverem que ir, não há necessidade de apego. Tudo passa. Tempos bons e ruins são necessários à nossa evolução pessoal. Por que não ver tudo como uma bela oportunidade para aprender e crescer? Assim eu fiz e encontrei a paz. Cabe a cada um encontrá-la também dentro de si.

Com amor,

Paulo

Os frutos

Nos anos seguintes, Paula, Bruno e dona Teresa se encontraram na data de aniversário de falecimento de Paulo. Eles ficaram muito próximos um do outro e se tornaram uma só família. Bruno persistiu com seu tratamento, tomando as medicações e fazendo terapia regularmente. Estava visivelmente feliz. Paula teve um filho, Gustavo, que se tornou o elo mais forte entre eles três, pois era fruto do amor transcendente entre Paula e Paulo, tinha o espírito leve e gentil do pai, filho também do corpo de Bruno, a quem se assemelhava fisicamente, e neto muito amado de dona Teresa. Ninguém imaginava que seria possível algo assim acontecer, mas estavam gratos por mais aquele milagre.